最短で成功するための読書ガイド

人生で読んでおいた方がいいビジネス書75冊

土井英司

books.MdN.co.jp
MdN
エムディエヌコーポレーション

Now boarding.

まえがき――なぜ、読書が成功のための最有力手段なのか？

これからとびっきりのビジネス書ガイドを始める前に、なぜ、読書が成功のための最有力手段なのか、その理由をお話しします。

あなたが100年に一人の天才じゃない限り、天才たちの思考を学ぶことには、大きなメリットがあります。

天才たちには、われわれには見えないものが見えている。それもかなり先まで。だから、100年前の偉人の考えを知ることで、今の秀才たちが語っていることよりもはるか先の未来を見通すことができるのです。

もちろん、読書を否定する人がいることもわかっています。ホンダの創業者、本田宗一郎は、読書否定派でした。でも、彼の著書をよく読むと、論文や人から学んでいたことがよくわかります。

これからどんな社会が到来するのか、この世を支配する物理法則とは何なのか、いつの時代も変わらぬ人間心理とは……。先人たちが苦労の末につかんだこれらの知識を学ぶことで、われわれは宇宙への発射台に立つことができるのです。地べたからスタートするのではなく。

もちろん、そのような天才たちが予測を外《はず》すことはあります。法則が変更を余儀《よぎ》なくされることもあります。でも、彼らの言うことを信じて行動し続けていけば、その大半は「当たり」だったと人生の後半になって、気づくことになるでしょう。

疑り深いみなさんのために、一つ例を挙げましょう。

京都大学人文科学研究所教授を経て、国立民族学博物館の初代館長になった梅棹忠《うめさお》夫の『情報の文明学』（中央公論新社）には、今日の情報産業の発展を予言した『情報産業論』という論文が掲載されています。

この論文は1962年に書かれたものですが、その内容を見れば、みなさんはこれが60年以上も前に書かれた文章であることに衝撃を受けるに違いありません。

梅棹忠夫はこの論文で、人類の産業史の3段階（農業の時代、工業の時代、精神〈情報〉産業の時代）を、発生学の概念を用いて説明しています。

農業の時代＝消化器官系を中心とする内胚葉《ないはいよう》諸器官の機能充足の時代
工業の時代＝筋肉を中心とする中胚葉諸器官の機能の拡充
（人間の手足の労働の代行）
精神〈情報〉産業の時代＝外胚葉諸器官の機能の拡充
（脳あるいは感覚器官の機能の拡充）

これを今の私たちが読めば、なんと先進的な論文なんだと感銘を受けますが、当時は随分とバカにされたそうです。それぐらい同時代の凡人には、先が見えていないということです。

恐ろしいのは、彼はこの情報産業の時代における価格の原理や課金システムについても論じていることです。

論文には、「お布施の原理」と称して、こんなことが書かれています。

お布施の額を決定する要因は、ふたつあると思う。ひとつは、坊さんの格である。えらい坊さんに対しては、たくさん出すのがふつうである。もうひとつは、檀家の格である。格式の高い家、あるいは金もちは、けちな額のお布施をだしたのでは、かっこうがつかない。お布施の額は、そのふたつの人間の社会的位置によってきまるのであって、坊さんが提供する情報や労働には無関係である

賢明な読者のみなさんは、これが現在流行している「ブランドビジネス」のことを言っているのだと、ピンときたに違いありません。
また梅棹氏は、こんなことも言っています。

外胚葉産業が優越するような時代になれば、やはり外胚葉産業が経済の中心になるだろうし、ものの価格決定も、外胚葉産業の生産物の価格決定法に歩調をあわせなければならないようになるだろう。いまは情報が疑似商品としてあつかわれているけれど、そうなれば逆に商品が疑似情報としてあつかわれるようになるかもしれない

現在売れているブランド品というのは、まさに梅棹氏が言うところの「商品が疑似

情報」化したものです。人々は布や皮を買っているのではなく、ブランドのストーリーやそこにまつわる価値を買っているからです。

本書を書いている2023年11月現在、フォーブスが選ぶ世界一の大金持ちは、ルイ・ヴィトンなど複数のブランドを持つLVMHグループのベルナール・アルノー会長兼CEOですが（推定総資産額2110億ドル）、ブランドビジネスに長《た》けたフランス人が資産で世界一になるなど、梅棹氏は予想していたでしょうか。

もし日本人の経営者が1960年代にこの梅棹氏の論文を読み、1980年代の景気の良いときに世界にブランドビジネスを展開していたら、2023年に、世界一の大金持ちになったのは日本人だったかもしれません。

あるいはそこまでいかなくとも、小さなブランドぐらいは築けていたはずです。

このように、天才の知恵を借りれば、凡人でも人生でチャンスをつかむことができるのです。

それでは早速、成功のための読書の旅に出かけましょう！

最短で成功するための読書ガイド　**人生で読んでおいた方がいいビジネス書75冊**

Now boarding.

Departure

マインド&準備編

Flight
スキル＆Time Management（スキルと時間）

目次

Transit

転職&起業

Arrival

お金持ちになるには&お金持ちになったら

Departure

Departure

マインド＆準備編

仕事も人生も、初期設定を間違うとすべて間違う。
外してはいけない「心構え」と「準備」について
学ぶための本を紹介

20代の成功は、「どこにいるか」で決まる

『入社1年目の教科書』（岩瀬大輔／ダイヤモンド社）

20代で成長するための最重要ポイントは、自分が「どこにいるか」です。どの業界で仕事をするか、どんな組織に入るか、どんな人の下で働くか、どんな人と切磋琢磨《せっさたくま》するか、ということです。

『入社1年目の教科書』※1で、著者の岩瀬大輔さんは、リップルウッド・ホールディングスのCEO（当時）にお願いして、カバン持ちをし、日産自動車のカルロス・ゴーン氏に会ったエピソードを紹介しています。こうしたことも、岩瀬さんが当時力のあった投資ファンドにいたから実現したことです。

みなさんの成功に関わることですから、率直に言いましょう。どの業界で仕事をす

るかが、あなたの成長スピードを決めます。安定した大企業に行きたい欲求を抑え、成長著しい業界、これから伸びる業界で働きましょう。

成長産業に行けば、そこには、成長の機会を貪欲に求める面白い人間か、負ければ後がない必死な人間が集まってきます。どちらも将来成功する人材ですが、そこにいるだけで魅力的な人たちを師匠にしたり、将来のビジネスパートナーにしたりできるって、ワクワクしてきませんか？

そして、せっかくそんな業界に入ったのなら、躊躇《ちゅうちょ》してはいけません。日常業務はさっさと終わらせ、岩瀬さんのように、「ご迷惑でなければ、一緒に連れていってください」と言うのです。

名著『ビジネスマンの父より息子への30通の手紙』（新潮社）の著者、キングスレイ・ウォードは、息子への手紙にこう綴《つづ》りました。

優れた仲間に加われば、君の勉強方法や努力の程度も、自分でも気づかないうちに、自然に向上するだろう。君は潮に乗るからであるあらゆる本やセミナーが、「20代はこれをやらなければならない」と言います。ですが、一番大事なことは、優秀な人間がいる、いま一番熱い所に行くことです。それさえできれば、学歴がなくとも、細かい知識がなくとも、資金がなくとも成功する。なぜならそれらすべては、周りが運んできてくれるからです。

とはいえ、そこにいるだけでは意味がありません。『入社1年目の教科書』では、働く人間の心構えとして、こんなことを述べています。

「頼まれたことは何があっても絶対にやりきる」

周囲から信頼に足る人物だと評価されれば、次の仕事が回ってくるからです。次の仕事とはつまり「チャンス」のことです。

「50点でかまわないから早く出せ」

提出をゴールと考えるのではなく、最初のフィードバックをもらう機会と考える。今の自分の「完璧」なんかより、デキる上司の知恵を盗む方が、早く成長します。

「会議では新人でも必ず発言せよ」

新人なのに発言するなんて、と思うかもしれませんが、著者はここで新人でも会議で貢献できる2つの視点を提案しています。一つは「新鮮な目線」、もう一つは「現場の感覚を伝えること」です。

「情報は原典に当たれ」

今はさまざまなニュースサイトやキュレーションサイトがあって便利な時代ですが、忘れてはいけないのは、この視点です。出所はどこなのか、それが公式サイトなのかどうかは、発表するあなたの信用に関わる重要な問題です。情報はしっかり原典に当たりましょう。

まとめると、若いうちは良い場所にいること。そしてそこで信用を勝ち取ることです。

20代後半や30代前半になって「チャンスに恵まれない」という人は、この2つのどちらか、あるいは両方が欠けているのです。

実業界では、「常識」がモノを言う

『ビジネスマンの父より息子への30通の手紙』
（キングスレイ・ウォード　城山三郎・訳／新潮社）

改めて紹介する『ビジネスマンの父より息子への30通の手紙』※2は、全世界でミリオンセラーとなった一冊です。もともとは、ビジネスマンとして成功を収めた父親が、同じく実業家を目指す息子へ宛てて書いた手紙で、行間には父から息子への愛情があふれ出ています。

この本の内容は、ひと言で言えば「常識」。ただ、それは一般常識とは若干違う、「ビジネスパーソンとしての処世の原理原則」のことです。

ビジネスを学ぶというと、つい会計や販売、マネジメントなどに目が向きがちですが、どの機能をとっても、人とのやり取りなしには成立しません。

ビジネスでは「常識」を身につけることで、周りの人たちから好感を持ってもらわなくては何事も進まないのです。

社会に出れば、派手な格好をしていても、言動が一見無礼でも、なぜか認められている人がいることに気づくはずです。彼らはパフォーマンスとして派手な格好をしていても、じつは裏側でこういった「常識」にのっとった行動をしているのです。

全部で30ある手紙は、ビジネスパーソンが人生で直面するあらゆる場面を想定しており、息子へのアドバイスという形で綴られています。

例を挙げましょう。

「まえがき」で著者は、実社会に出発する若者に向けて、こんな言葉を捧げています。

もっと大きくなれるのに、なんと小さな俗物であることよ

（チャールズ・ダッドレー・ワーナー）

著者は、「私たちが頭脳の力を高める方法を学ぼうとせず、怠慢によって自らを浪費している」ことを嘆かわしく思い、読者に目標設定の重要性を説きます。
そして、この手紙の最後で、これから旅立つ読者に励ましのエールを送るのです。

夢を見るがいい――試すがいい――失敗するがいい――成功するがいい

ビジネスに失敗はつきものですから、ビジネスパーソンには失敗を恐れない気持ちが重要です。よってこの本には、息子が落ち込むたびに励ましの言葉が登場します。

成功しなかったからといって、誰も君の腕を切り落とすわけではないし、監獄に放り込むことも、バイクを取りあげることもない。それどころか、叩き出されれば私と話が合うようになる。私も実業界でちょいちょいそういう目に遭っているからである

親父だって？　かなわないだって？　いずれ君は親父を振り回すようになる！

成功した実業家の父の口から語られる励ましの言葉が心地よく、すっかりやる気になってしまうのが、この本の魅力です。

比喩《ひゆ》も巧みで、勉強に関してはこんな言葉が綴られています。身につまされるビジネスパーソンは多いのではないでしょうか。

君は登り坂で車を押すことが困難な仕事であるのに気づいているだろう。途中で休めないわけではないが、やりとげてしまわないと、たいていの場合、車はもとの坂の下まですべりおりてしまう。そうなれば、はじめからやり直さなければならない。それが仕事というもので、学問も同じである。

昨日いくら頑張っても、常にこつこつと続けなければ、君は勢いを失う。勢いがなくなると、君は仕事を終らせる道からそれて、過去の努力の食い潰しを始める

手紙では、若い息子が欲望や怠惰、浅薄《あさはか》さの落とし穴に陥りそうになる場面で必ず

適切な助言が登場します。昨今は若い方でも投資詐欺やマルチ商法、新興宗教に騙《だま》される方が多いようですが、知識不足、経験不足に欲が加わると危ない目に遭うのは世の常です。著者はこう述べています。

私たちは儲け話になると、奇妙にも、その肯定的な面を三十分ですべて数えあげるが、否定的な面を見落として、しばしば長年くやむことになる

有能な実業家としての腕を鈍らせないためには、ある程度の欲がなければならないが、強欲の修羅場に足を踏み入れることほど悲惨なものはない

賢い人は金持ちになれるが、人は金持ちになると愚かになる
(あるいは妻が愚かになる)

そして、この本の最大の読みどころである処世の術、自己研鑽《けんさん》の方法についても、興味深い教訓が示されています。

読むことは人を豊かにし、話し合うことは人を機敏にし、書くことは人を確かにする
（フランシス・ベーコン）

トーマス・ハックスレーは言った。「人生の偉大な目的は知識ではなく、行動である」。私はそれに付記したい。――知識の活用が命じる行動である、と

競争に勝つのは必ずしも動きの速い人ではない。勝つのは過去の競争から学んで、その教訓を活かす人である

君は会社の事業についてあらゆることを知ると同時に、顧客や顧客になってくれそうな人について、握手するまえに、人間として可能な限り知っておかなければならない。顧客から見れば、君に与えられる機会はただ一回、第一印象だけである。必ず下調べをして、好印象を与えること！

仕事に喜びを見出すためには、三つのことが必要である。適性がなければならない。やりすぎてはいけない。そして、達成感がなければならない

（ジョン・ラスキン）

偉人たちの言葉を交えながら語られる教訓はもちろんですが、この本の魅力は、こうした教訓だけにあるのではありません。父親と息子の絆。厳しさと愛情の入り混じった複雑な感情が、読むものの心を強く打つ、これこそがこの本の最大の魅力ではないでしょうか。

30通の手紙は、「あとは君にまかせる」と題した手紙で終了します。これから活躍する若い世代にとっては、心にしみる手紙となるでしょう。

入学、入社、友人関係や仕事上でのトラブル、結婚、講演、経営上の重要な意思決定……。人生のさまざまな場面で紐解きたい、ビジネスパーソンの座右の書です。

大切なものに「フォーカス」する

『7つの習慣』
（スティーブン・R・コヴィー　ジェームス・スキナー、川西茂訳／キングベアー出版）

限られた時間で成果を上げるには、重要なもの以外を捨てることが大事です。
『7つの習慣』[※3]のスティーヴン・R・コヴィー博士が、こんなことを言っています。

最も大切なことは、最も大切なことを、最も大切にすることだ

『7つの習慣』は、全世界で4000万部売れた、習慣術、時間術のベストセラーで、特に有名になったのが、「時間管理のマトリックス」です。これは、縦軸に「重要／

重要でない」、横軸に「緊急／緊急でない」をとったもので、たいていの人は、重要かどうかにかかわらず、いつも「緊急性の高いもの」に追われています。

第一領域（緊急で重要）は、締め切りのある仕事やクレーム処理、せっぱつまった問題、病気や事故、危機や災害など。これは確かに大切です。

ただ、問題は第三領域（緊急だが重要でない）。突然の来訪、多くの電話（今ならメールやSNSなど）、多くの会議や報告書、無意味な冠婚葬祭、無意味な接待や付き合い、雑事などは、重要でないにもかかわらず、あなたの時間を奪うものです。

また、「第四領域」（緊急でも重要でもない）に時間を使うのも考えものです。ここに含まれるのは、暇つぶし、単なる遊び、だらだら電話、待ち時間、多くのテレビ、その他の意味のない活動など。

大切なのは、「第二領域」（緊急でないが重要）に注力すること。あなたの未来を創るのは、まさにこの領域だからです。この領域に含まれるのは、人間関係づくりや健康維持、準備や計画、リーダーシップ、真のレクリエーション、勉強や自己啓発、品質の改善、エンパワーメント（自信をつける）などです。

著者はこの本で、「第二領域の活動を行うための時間は、第三領域や第四領域からしかとれない」と言っています。ここに時間の見直しのポイントがあるのです。時間術の本ではないですが、世界的なマーケティング戦略家、アル・ライズが書いた『フォーカス！』(アル・ライズ　川上純子・訳／海と月社）もおすすめです。企業のマーケティングについて書かれた本ですが、ここで書かれていることのほとんどは、個人のキャリアにも当てはまります。いくつかポイントを挙げておきます。

・長い目で見れば、勝つ企業とは「最もよくフォーカスできている企業」であり、負ける企業とは「最もフォーカスできていない企業」だ

・標準レベルにも達していないことを二つ手がけるより、すごくうまくいくことをひとつ手がけるべき

・「ひとことで定義できる会社」になれ

これらを実現できれば、会社や業界内でちょっと知られた人物になるでしょう。それが、やがて外の世界でチャンスの機会につながるのです。まずは社内、次に業界内、そして広く知られる専門家というふうにステップアップしていくべきです。

自分の道をどう探すか

『自分の中に毒を持て』（岡本太郎／青春出版社）
『THE ART SPIRIT（アート・スピリット）』（ロバート・ヘンライ／国書刊行会）
『非常識な成功法則』（神田昌典／フォレスト出版）

それが業界であれ、職種であれ、生涯を貫くライフワークであれ、自分の道をどう探すかは難しい問題です。

かくいう筆者も、20代の後半までは、自分が人生で何を成すべきかに悩んでいました。

そんなとき、姉のこんな言葉で救われたのです。

「30歳まで悩んだって、そのあと30年働ける。思い切り悩んでいいんだよ」

現在は人生100年時代だから、もうちょっと悩めそうですね（笑）。

悩んでいる人におすすめなのが、大阪万博「太陽の塔」で有名な岡本太郎の『**自分の中に毒を持て**』[※4]です。

岡本太郎は、悩める人々に、こんなアドバイスをしています。

危険だ、という道は必ず、自分の行きたい道なのだ。ほんとはそっちに進みたいんだ。だから、そっちに進むべきだ。ぼくはいつでも、あれかこれかという場合、これは自分にとってマイナスだな、危険だなと思う方を選ぶことにしている

これはちょっと過激な考え方かもしれません。でも確実なのは、あなたがもし危険だなと思う道から逃げてばかりいたら、あなたはきっと人生の後半において後悔するだろうということです。

アーティストの主張は一見過激ですが、本質を突いていて、自分の生き方を考える

際に役に立ちます。

もう一冊、アーティストの本を紹介しておきましょう。

ロバート・ヘンライによる名著『THE ART SPIRIT（アート・スピリット）』※5（国書刊行会）です。

ロバート・ヘンライは、アメリカの人気画家だった人で、マン・レイやエドワード・ホッパーの先生としても知られています。その実用的かつアジテーションに満ちあふれた美術講義録は、刊行後すぐさま若いアーティストたちのバイブルとなったようで、デイヴィッド・リンチやキース・ヘリングらもこの本を愛読したようです。

この本のなかから、いくつかアドバイスを拾ってみましょう。

- 芸術を学ぶ者は最初から巨匠であるべきだ。つまり、自分らしくあるという点で誰よりも抜きんでていなければならない
- 拒絶を恐れるな。すぐれたものをもつ人間はみな拒絶を通過してきた

・多くをなしとげるには、わずかな行為で足りる
・アイデアを生むには想像力が必要だ
・アイデアを表現するには科学が必要だ

これから何を学ぶべきか、どんな心構えで臨むべきか、ヒントが示されています。

もう一冊、あなたが自分の「やりたいこと」を見つけるための本も紹介しておきます。天才マーケターとして一世を風靡《ふうび》した、神田昌典さんの自己啓発書『**非常識な成功法則**』※6（フォレスト出版）です。

この本は、嫉妬《しっと》や怒りといった悪のエネルギーを利用して成功しようというもので、それゆえに長く使ってはいけないのですが、若いうち、成功の瞬間速度を上げたいときに有効な考え方が示されています。

なかでも役に立つのは、「やりたくないこと」から、自分のやりたいことを見つけるという考え方です。

人間は、「やりたいことを見つけましょう」と言われるとなかなか見つけられないものですが、やりたくないこと、嫌なことは瞬時にわかります。あとは消去法で嫌なことを消していけば、残ったもののなかにやりたいことがある、というわけです。

ぜひ、試してみてください。

修行時代をどう生き抜くか

『赤めだか』（立川談春／扶桑社）
『調理場という戦場』（斉須政雄／幻冬舎）

誰にでも、修行時代はあります。そして修行時代というのは、決まって理不尽なもの。それは決して日本だけに限ったことではありません。話を聞く限り、アメリカの金融業界や、イタリアのデザイン業界も、修行時代はひどいものです。

であれば、いっそその理不尽な世界にどっぷり浸かって、実力を手にいれる。どうせなら、一流の職場がいいに決まっています。

そこでおすすめしたいのが、この2冊。

どちらも現場の臨場感あふれる名著ですが、読んだらきっと自分の職場の方がマシ、と思うでしょう。

まずは、落語の天才・立川談志に弟子入りした、立川談春の『**赤めだか**』※7を見てみましょう。

サラリーマンより楽だと思った。とんでもない、誤算だった

オビのコピーが目を引く、立川談春による珠玉のエッセイですが、確かに、想像を絶する破天荒《はてんこう》ぶりです。

天才と言われた師匠・立川談志とのエピソードがビビッドに綴られているのですが、一流の世界とは、かくも厳しく素晴らしいものなのかと驚かずにはいられません。

人間をどうとらえるか、プロとしての自覚をどう持つべきか、そして人が感謝し、生きていくことの重要性。

ここには、仕事のすべてが詰まっています。

自分を魅了した師匠に、とことんついていく。そしてやがては、自分がその思想を継いで、一流になっていく。

落語が伝統的に守ってきた人材育成の流儀に、何か人間として大切なものを感じずにはいられません。

「どんな素晴らしい教育プログラムも、徒弟《とてい》制度には敵わない」と、以前、外資系人事のプロに教えてもらった記憶がありますが、確かにこれほどの内容を教えるとなると、一律の教育プログラムだと、難しいと思います。

著者は、談志のところで修行することを、こう評しています。

立川流は一家ではなく研究所である。研究所であるから飛びきり強い生命体も生まれるが、その陰で驚くほどの犠牲も出る。実力、能力を優先した本当の意味での平等と自由はあるが、残酷なまでの結果も必ず出る。それが談志の選んだ教育方法である

では、その研究所では、どんな言葉が飛び交っていたのか。この本のなかから、修

行時代に刺さる、立川談志の言葉を引用してみましょう。

坊や、よく覚えとけ、世の中のもの全て人間が作ったもんだ。人間が作った世の中、人間にこわせないものはないんだ

いいか、落語を語るのに必要なのはリズムとメロディだ。それが基本だ。（中略）坊やは俺の弟子なんだから、落語は俺のリズムとメロディで覚えろ

たとえ前座だってお前はプロだ。観客に勉強させてもらうわけではない。あくまで与える側なんだ。そのくらいのプライドは持て。お辞儀が終わったら、しっかり正面を見据えろ。焦っていきなり話しだすことはない。堂々と見ろ。それができない奴を正面が切れないと云うんだ。正面が切れない芸人にはなるな

型ができていない者が芝居をすると型なしになる。メチャクチャだ。型がしっ

かりした奴がオリジナリティを押し出せば型破りになれる。どうだ、わかるか？　難しすぎるか。結論を云えば型をつくるには稽古しかないんだ

なぜ一流が一流を育てるか、その理由がよくわかる内容です。要するに、一流は芸の本質をつかんでいるのです。

落語の世界にイノベーションを起こし、社会に絶大な影響を与えた立川談志の教育。

それが疑似体験できる一冊です。

文章も素晴らしく、著者が立川談志に認められたくだりは、涙なくして読めません。ぜひ読んでエネルギーを注入してください。

『調理場という戦場』※8は、「ヴィヴァロワ」「タイユバン」などのパリの三ツ星レストランで修業し、「コート・ドール」のオーナーシェフとなった斉須《さいす》政雄さんが、その修業時代を振り返った仕事論です。

著者は、この本の冒頭で、こんなことを書いています。

今、料理人の生活を若い頃からくりかえすかと訊かれたとしたら、正直なところ、ちょっと勘弁してください、と思う面もあるのです。しかし、若い頃はそのつらさが何だかよくわからないから、怖いけどやれちゃいますよね。わからないがゆえにやれちゃう。若さのすばらしさって、きっとそういう「あまりわかっていない」ということですよ

そんな若い方に、著者はこんなエールを送っています。


若い人は社会の中枢まで行く可能性がいくらでもありますよね。どれだけ自分の特質を生かせるのかはまだ知らない。作為もない。

「その白紙の状態のまま、ぶっちぎって行きな」

「汚染されないで、思うまま行ってしまえ！」

そんな風に、思います

著者は、いずれも一流どころのレストランに勤めていますが、なぜそんなことが可能だったのか。以下のエピソードが参考になります。

技術指導に来ていたフランス人シェフが洗い場で手を洗っていた時に「あなたのお店で働かせてください」と頼み込みました。フランスとぼくをつなぐラインは、そんな細いものしかなかった。だけど、結局はそのツテでぼくのフランス行きは実現しました。

そのシェフは後に、ぼくにこう言ってくれました。

「手を洗おうとすると、いつも洗い場がきれいになっていた。マサオがいつもきれいにしてくれていたのを、わたしは見ていた。それがとてもうれしかったから、雇うことにした」

チャンスがないと嘆く前に、やれることがある。そして人は、ちゃんと見ていてくれる。

この本を最初書評したときに、「最初の17ページで泣ける」と書いたのですが、再読したらやっぱり泣けたから、すごい本ですね。
この本には、ないない尽くしの著者がどうやってチャンスをつかんでいったか、どうやって一流にまで上り詰めたか、その軌跡が書かれています。いま悶々《もんもん》としている人に、ぜひ読んでほしいのが次の部分です。

自分の習慣を変えずに流れるままに過ごしていたら、きっと一〇年後も人をうらやんでいるに違いない。モテる人がうらやましいし、仕事のできる人がうらやましい。生き方を変えなければ、異性のことも仕事のこともどっちつかずで、満たされないままの一〇年後を迎えるに違いない。だったら、ぼくは仕事以外のものは捨てよう。ぼくには資質がないのだから、やりすぎぐらいが当たり前のはずだ

著者は、「権力の壁」みたいなものを意識して卑屈になっている若者にも、こんなエールを送っています。

社会の常識になんて惑わされることなく、自分の常識でぶち当たってほしい。

いつか、自分の常識に向けて、社会を振り向かせればいいじゃないですか。

世間の常識があなたのことを「いい」と認めるまで、頑張ればいいんです。


著者のひたむきな思いや、若い人への熱いエール、同志ベルナールとの友情、そしてリーダーとしての覚悟……。何度読んでも素晴らしい仕事論だと思います。

すべての仕事の出発点には、ひたむきな「思い」がある。

そのことに気づけば、きっと仕事への姿勢が変わり、成果を出せる人間に変わっていくはずです。

起業家精神

自分の人生を自分で切り拓く力

『SHOE DOG 靴にすべてを。世界最高のブランドナイキを創った男』
（フィル・ナイト　大田黒奉之・訳／東洋経済新報社）

アンジェラ・ダックワースの『やり抜く力　GRIT』（ダイヤモンド社）が出されて以来、「グリット」という言葉がすっかり定着した感がありますが、このグリットを生み出すのは、じつは「起業家精神」ではないかと思います。

『SHOE DOG 靴にすべてを。世界最高のブランドナイキを創った男』※9は、起業家たちが憧れる起業家であり、ナイキを創った男、フィル・ナイトの自伝です。

約束された未来を捨て、バカげたアイディアに賭けた彼の名前は、スタンフォード大学ビジネススクールの名前となり、そこから生まれた起業家たちの年商は、彼を凌ぐ数字となっています。

この本には、そんなフィル・ナイトと、彼とともにナイキを創った男たちの熱い物語が綴られています。

戦後間もない頃、かつての敵国・日本に乗り込み、靴ビジネスに着手するだけでも驚きですが、そこから誰もなし得なかった画期的新商品を次々と発表。前人未到の成長を成し遂げたところが、フィル・ナイトが尊敬される所以《ゆえん》でしょう。

もちろん、多くの起業物語がそうであるように、ナイキも順風満帆《じゅんぷうまんぱん》だったわけではありません。

パートナーのオニツカとの別れ、幾度も襲いかかる資金繰りの危機、2500万ドルの請求、ナイキブランドを一緒に築き上げたアスリート、プリとの死別……。

多くの困難を乗り越え、最高の靴ブランド、ナイキが誕生したわけですが、この本にはそれを支えた起業家精神の断片がところどころに出てきます。

フィル・ナイト自身の言葉を見ていきましょう。

私は世界に足跡を残したかった

私は勝ちたかった。
いや、そうじゃない。とにかく負けたくなかったのだ

だがわかったのだ。世界は馬鹿げたアイディアでできているのだと。

歴史は馬鹿げたアイディアの連続なのだと。私が一番好きなもの、書物、スポーツ、民主主義、自由独立の精神はいずれも馬鹿げたアイディアから始まったのだ

まず飛び出して異国を見ないことには、世界に足跡を残せるわけがない。大きなレースに出場する前に、必ずそのトラックを歩いてみたくなるのと同じだ

他人のためになんて働きたくない。自分だけのもの、「これを作ったのは僕だ」と指さして言えるものを作りたい。自分の人生を有意義にする方法はそれしかないんだ

フィル・ナイトの起業家精神を感じさせる言葉ですが、以下には、なぜ起業家精神だけではダメなのかも書かれています。

ポートランドまでの帰りに、私は商売が突然軌道に乗った理由について考えた。百科事典は売れなかったし、軽蔑もしていた。ミューチュアルファンドの売り込みはまだマシだったが、内心では夢も希望もなかった。シューズの販売はなぜそれらと違ったのだろうか。セールスではなかったからだ。私は走ることを信じていた

フィル・ナイトも、マクドナルドのレイ・クロックやケンタッキーフライドチキンのカーネル・サンダース同様、起業前にさまざまな仕事を経験していますが、成功する起業家になるには、もう一つの要素が必要でした。

それが、愛するビジネスと出会うことなのです。

様々なエピソードからは、彼が靴に特別な思いを持っていたことが伺えますが、他

にも彼は、こんなコメントを残しています。

人が1日に歩く歩数は平均7500歩で、一生のうちでは2億7400万歩となり、これは世界一周の距離に相当する。シュードッグはそうした世界一周の旅に関わりたいのだろう。彼らにとっては靴とは人とつながる手段であり、だからこそ彼らは人と世界の表面をつなぐ道具を作っているのだ

そして起業家になるには、当たり前ですが、勤めていた会社を辞めなくてはなりません。それがどんなにネームバリューの高い会社、給料の高い会社であっても、です。

私は器用に複数の仕事を掛け持ちしたことなどないし、今さらそんなことをする理由も見出せなかった。常に今を生きたいと思っていた。本当に重要な1つの仕事に集中したかった。仕事ばかりで遊びがない人生なら、仕事を遊びにしたかった。そのためにはプライス・ウォーターハウスを辞めるしかない。嫌いだからではなく、自分のいる場所ではなかったからだ。私が望むのはみ

んなと同じことだ。つまり、24時間本当の自分でいられることだ

アマゾンのジェフ・ベゾスは起業前、デヴィッド・ショーが経営するヘッジファンドで働いていましたが、1994年にインターネットが年率2300％を超える速度で成長しているという統計を目にし、オンラインで小売をやるというアイデアを思いつきます。ヘッジファンドを辞めたいとデヴィッド・ショーに言うと、ニューヨークのセントラルパークを歩きながら、こう言われたそうです。

ジェフ、そうだな、すごくいいアイデアだと思う。いいアイデアには違いないがね、でも君のようにいい仕事に就いていない人なら、もっといいと思うよ（『Invent & Wander　ジェフ・ベゾス』ウォルター・アイザックソン　関美和・訳／ダイヤモンド社　より）

筆者が大好きな本に、『ビジョナリーカンパニー2』（ジム・コリンズ　山岡洋一・訳／日経ＢＰ）がありますが、その本のなかにこんな言葉が出てきます。

良好《グッド》は偉大《グレート》の敵である

つまり、人は良好（グッド）に甘んじてしまう生き物なのであり、ここに偉大（グレート）な人物が滅多《めった》に現れない理由があります。偉大（グレート）になるには、良好（グッド）を捨てる必要があるのです。

自分が本当に愛する対象に出会ったとき、起業家精神はあなたを真の起業家にします。そして「身《み》の丈《たけ》」なんて言葉を吹き飛ばして、あなたを高みに引き上げるのです。

ぜひ、挑戦する人生にしてください。

天職と出会う

『ケアの本質』（ミルトン・メイヤロフ　田村真、向野宣之・訳／ゆみる出版）

先に、フィル・ナイトの例でお話ししたように、成功するには、天職と出会うことが重要です。

ここで若者たちはいわゆる「自分探し」を始めるのですが、自分のなかから探そうとしても、天職は見つかりません。

天職を見つけるためにはどんな考え方をすればよいかを書いた、地味ですが大変良質な本があるので、ご紹介しましょう。

ニューヨーク州コートランドにある州立大学の哲学教授だったというミルトン・メイヤロフが書いた『**ケアの本質**』※10は、医療や教育など、「人をケアする」あらゆる仕事の人に読まれ、今日に至っています。
じつはこの本のなかに、あなたが天職に出会えるヒントが隠されています。
著者は、人が他者をケアすることの本質について、こう述べています。

私は他者を自分自身の延長と感じ、考える。また、独立したものとして、成長する欲求を持っているものとして感じ考える。さらに私は、他者の発展が自分の幸福感と結びついていると感じつつ考える。そして、私自身が他者の成長のために必要とされていることを感じとる。私は他者の成長が持つ方向に導かれて、肯定的に、そして他者の必要に応じて専心的に応答する

そして、「天職」に該当するのが、次の部分です。

音楽家は音楽を演奏してはじめて音楽家たりうるように、私と補充関係にある対象は、私の不足を補ってくれ、私が完全になることを可能にしてくれるのである

私と補充関係にある対象が成長して、私を深く包み、私の生を実りあるものにととのえてくれるように、その対象を援助する過程の中で、私自身も変容を遂げるのである

人は、自己実現を自分のなかに見つけようとしますが、じつはそれは自分自身のなかにはなく、他者との関わりのなかにある。そして事業や仕事とは、その他者との接点をつくるものなのです。

ナイキを創ったフィル・ナイトの言葉をもう一度思い出してみましょう。

人が１日に歩く歩数は平均７５００歩で、一生のうちでは2億７４００万歩となり、これは世界一周の距離に相当する。シュードッグはそうした世界一周の旅に関わりたいのだろう。彼らにとっては靴とは人とつながる手段であり、だからこそ彼らは人と世界の表面をつなぐ道具を作っているのだ

他者とつながる接点を「仕事」と呼び、天職とはそのなかでも自分がやらなければならないと、天啓《てんけい》を受けたように感じるものを言う。

そう考えれば、天職探しは意外と簡単に感じられるのではないでしょうか。

幸運を祈ります。

Flight

スキル&
Time Management
(スキルと時間)

若者が熟練者を出し抜く方法はひとつしかない。
ナポレオンが大砲を、信長が鉄砲を用いたように、
想像を絶する破壊的武器を手に入れることだ

スキルを身につけるためのマインド

『達人のサイエンス』（ジョージ・レナード　中田康憲・訳／日本教文社）

『達人のサイエンス』※11は、マッキンゼーのエースコンサルタントだった、トム・ピーターズ絶賛の一冊です。

そこには、ひと言で言えば、マスタリー（達人の境地）に至るための心構えが書かれています。

この本のなかの最重要ポイントは、「学習は直線的ではなく階段状に進歩し、全然進歩していないと思っているうちに、急に上達の瞬間がやって来る」ということ。

多くの人は、この上達の瞬間を迎える前に、しびれを切らしてやめてしまうのですが、それでは達人の域に達することはできません。

大事なことは、著者が言ういまわしい「プラトー」（学習高原。学習が伸び悩んでいる時期で、学習曲線が水平になっている状態）を愛することです。プラトーの時期を楽しめるようになると、上達し、やがてマスタリーへの道へ至る。しかし、現在の消費カルチャーは、これとは相入れない短期志向です。そのため多くの人が挫折を味わうのです。

著者は、現在の短期志向を象徴するものとしてテレビコマーシャルを挙げています。

コマーシャルをずっと見ていると、すべてに共通したパターンがあることが分かってくる。コマーシャルの半分は、その題材に関係なく、ある種の「クライマックス」に基づいている

そのリズムが破壊的なのだ。そこでは毎日毎日が特別な日であり、空想が次から次へと実現し、クライマックスがいやというほど続く。そこにはプラトーなど存在しない

クライマックスをずっと続けていこうとする行為は結局はドラッグと同じ結末になる

成長するには、テレビやインターネットが植え付けてくるこの「クライマックス」幻想を捨て、現実の学習曲線を想定すること。そして、そのプロセスを楽しむことです。この本では、このプラトーの話のほかにも、マスタリーに至るためのヒントが書かれています。オリンピック体操選手のピーター・ヴィドマーの言葉を見てみましょう。

多くの人々は、先生が言ったから、親が言ったからという理由だけで物事を決めています。お金、名声、メダルなどのために何かをやろうとする人は強くなれません

1. 指導

著者はこの本で、マスタリーに至るための5つのキーポイントを書いています。

2. 練習と実践
3. 自己を明け渡すこと
4. 思いの力
5. 限界でのプレイ

「指導」に関しては、一流の指導を受けることが一番です。そのための教師選びのポイントも書いています。

いい指導ができる教師を見つけるには、まず資格と系譜を見る。たとえば、自分の先生の先生だった人は誰だろうか？　またその先生は誰だろうか？
先生の善し悪しはその生徒を見ればすぐ分かる。生徒たちは先生の腕による作品なのだ
ふだんめったにほめない教師でも、何らかの形で、長期的展望をもって生徒

が伸びていけるよう生徒を尊重する姿勢が必要だ

ちょっとわかりにくいのは、3番目の「自己を明け渡すこと」だと思いますが、これについて著者の説明を見てみましょう。

「自己を明け渡す」(surrender) とは、先生の指示に従い、自らが課した規律の求めるところに従うという意味である。また場合によってはさらに高い、あるいは異なった技能レベルに到達するために、自分が苦労して得た技能を捨てることでもある

5番目の「限界でのプレイ」とは、過去の限界に挑戦するためのもので、そのためには、自己の安全領域を越えて進んでいく時期に気づく感性が必要となる、と書かれています。

この本には、こうしたマスタリーに至るための心構えと、どんな障害があっても挫《くじ》けずにすむ考え方が示されています。ぜひ早いうちに読んでおいてください。

スキルを身につけるための「練習」の教科書

『成功する練習の法則』（ダグ・レモフ、エリカ・ウールウェイ、ケイティ・イェッツィ　依田卓巳・訳／日本経済新聞出版）

学校における悪夢の一つは、先生を選べないことにあるかもしれません。優れた教師は生徒の成功を信じ、それゆえに生徒は成功するのですが、じつは優れた教師は正しい練習方法を知っている、という点で優れているのです。

全米ベストセラーとなった『Teach Like a Champion』の著者であり、教職の経験もあるダグ・レモフと共著者らが書いた『**成功する練習の法則**』※12は、優れた教師が教える、正しい練習のコツを書いています。

前提としたいのは、教師が生徒の理解度を確認して練習を進めることです。この本ではこれを「習得の確認」と呼んでいます。

次に大事なのは、最大の価値を生む20％に集中して取り組むこと。「80％の結果は20％の原因から生まれる」という「パレートの法則」はよく知られていますが、これを練習に応用したものです。

人間はつい、取り組みやすいものや簡単なもの、得意なものから先に着手してしまう性向がありますが、結果を生む20％に集中することが成功のカギです。

そして熟達するために大事なことは、「無意識にできるようになるまで徹底すること。

この本ではさらに、「無意識にできるようになれば、創造力が解き放たれる」と言っています。

アップルの創業者スティーブ・ジョブズが黒のタートルネックを何着もクローゼットにしまっていて、いつも「同じ服」を着ていたことはよく知られていますが、あれは、創造的なこと以外に意識を奪われないためにしていたことです。

この本では、「もっと創造的になりたいなら、別の部分を自動化すると役に立つ」と言っています。

そしてこれがこの本の白眉《はくび》ですが、実戦練習ではなく反復練習、そしてスキルを分離して個別に練習することを説いています。

テニスには、「ツイスト」と呼ばれる技があります。中学校の頃、優秀なコーチからこれを教わって、試合ではミスをしなくなるほど上達した記憶があります。

「ツイスト」は、ひねった形をしたツイストパンを思い浮かべるとイメージしやすいですが、ボールに回転をかけ、ショートクロスに落とす技のことです。

このように、

1. スキルに名前をつけて
2. 個別練習をすること
3. 反復練習すること

そして最終的に習得した技を統合して本番に臨む。これにより、短期間での習得が可能になると教えています。

なぜ実戦練習ではなく、反復練習なのか？　簡単なことです。実戦で、ツイストが必要になる場面など、滅多に来るものではありません。だから、いざ本番でツイストを打とうと思っても、練習不足でミスをしてしまう。１００回に1回しか来ないものを、１００回練習してできるようにしておけば、本番で百発百中成功させることができる、という理屈なのです。

練習でダラダラ乱打しているチームは弱い。強いチームは、課題を明確に定め、名前をつけてできるようになるまで個別練習を繰り返す、これが正解のようです。

さて、ここまでは「マインド」について学んできました。次頁からは、ビジネスパーソンにとって最重要となる、1.「話し方」、2.「時間術」、3.「成果を上げる」、4.「思考スキル」、5.「アイデア&発想術」、6.「付加価値&セールス」、7.「会計・ファイナンス」、8.「マーケティング」、9.「英語」、10.「行動経済学・認知心理学」の10個のスキルを身につけるためのビジネス書を紹介します。

重要スキル1

話し方①
相手に好印象を与えるコツとは？

『その話し方では軽すぎます！』（矢野香／すばる舎）

専門知識がなくても仕事はできますが、専門家に「伝えて」「動いてもらう」スキルは必要。それが「話し方」です。

筆者は仕事における「話し方」の要点は、以下の3つだと考えています。

1．バカだと思われないこと――そもそも聞いてもらえない
2．わかりやすいと思われること――ストレスがないから話をちゃんと聞いてもらえる
3．「深い」と思われること――よく考えている人には人もお金もついてくる

1番目の「バカだと思われないこと」で必要なのは、言葉を正しく使うことです。正しい日本語が使えて、文法が間違っていなくて、知的な語彙《ごい》があればなおいいでしょう。

そういう意味で押さえておきたいのは、元NHKのキャスターで、現在、政治家にも指導をしているスピーチコンサルタントが書いた、**『その話し方では軽すぎます!』**※13です。

東日本大震災の報道で株を上げたのは、民放ではなくNHKでしたが、その理由は、正しい日本語で、事実を正確に伝えたからです。

ややもすれば、「面白味がない」と言われがちなNHKですが、公の信頼を勝ち取るノウハウには一日の長があります。

『その話し方では軽すぎます!』は、そんなNHKで17年間学んだ著者が、「社会的に望ましい」プレゼン、スピーチのコツを述べた一冊です。

この本の2章「話し方を改善する7つのポイント」には、われわれ日本人がやってしまいがちな日本語の誤りが指摘されています。あなたはいくつわかるでしょうか。

●他人事
たにんごと×　↓　ひとごと○
●一段落
ひとだんらく×　↓　いちだんらく○
●施策
せさく×　↓　しさく○
●三階
さんかい×　↓　さんがい○
●裏面
うらめん×　↓　りめん○
●日本銀行
にほんぎんこう×　↓　にっぽんぎんこう○
●日本郵船
にほんゆうせん×　↓　にっぽんゆうせん○
●「たくさんの人が亡くなった」×　↓　「大勢が亡くなった」○

テレビを見ていると、アナウンサーや芸能人もよく間違って使っているので、おそらく読者のなかにも、「誤解していた」という方が多いのではないでしょうか。

しかし、社会とは恐ろしいもので、わかっている人はわかっているものです。そんな「わかっている」人に限って組織内で力を持っています。だから正しい日本語ができないと、チャンスをつかむことはできないのです。

面接やオーディションで感触が良かったのに、なぜかダメだった、という場合は、これらの日本語の使い方が影響している可能性があります。ぜひチェックしてみてください。

この本には、話し方を改善するポイントが7つ紹介されていますが、この7つのポイントも、相手に好印象を与える大事な要素です。

話し方を改善する7つのポイント

1. 具体的に発言する
2. 事実と感情を分ける

3．言葉を正確に使う
4．絶えず動かない
5．言葉の語尾をきちんと下げる
6．舌の筋肉を鍛えて滑舌《かつぜつ》をよくする
7．高めの声で話さない

いくつか、かいつまんで紹介しましょう。
1．の「具体的に発言する」ですが、ここで著者は内容を正確にするポイントを3つ提示しています。
まず「数字・固有名詞を示す」、
次に「情報源を明らかにする」、
そして最後に「推測は話さない」です。
この3つに気をつけるだけで、「具体的に発言する」はクリアです。
それと、若い方で気をつけたいのは4番目の「絶えず動かない」。特に多いのは「うなずき」と「まばたき」だそうです。

やたらうなずいたり、まばたきをしたりすると、落ち着きのなさや情緒の不安定さが相手に伝わってしまうようです。気をつけましょう。

7番目の「高めの声で話さない」は、深刻な状況で使えるテクニックです。この本によると、高い声はよそゆきの声で、低い声は「地声」。人は地声の方を信じることから、よそゆきの声を出すと、かえって信用をなくすということです。デパートのアナウンスのような声を出すと、深刻な状況ではかえってまずいことになる、ということのようですね。

以上、信用を勝ち取るためにも、ぜひ読んでみてください。

重要スキル1　話し方②

わかりやすく話すための3段ピラミッド

『1分で話せ』（伊藤羊一／SBクリエイティブ）

わかりやすい話し方という点で言えば、おそらくこの『1分で話せ』※14は過去30年間でナンバー1の本ではないでしょうか。

この「結論」＋「根拠」＋「たとえば」という型は、デキる人ならみなやっていることですが、なぜかこんなにシンプルにまとめた人はこれまでいませんでした。まるで清少納言に「春はあけぼの」「夏は夜」と言われたぐらいのやられた感がありますね。

この『1分で話せ』は、かつてソフトバンクアカデミア国内CEOコースで年間1位の成績を収め、その後LINEヤフーアカデミア学長、武蔵野大学アントレプレナーシップ学部学部長を歴任する著者が、その伝え方の技術をまとめた一冊です。

「1分でまとめる」技術は、いろんなところから出されていますが、この本ほど仕事におけるコミュニケーションの本質を突いた本も珍しいと思います。

コミュニケーションのゴールが「相手を動かす」ことであることや、「相手の身になる」ための具体的要素とは何か、論理的なプレゼンに欠かせない述べ方の順番など、大事なことが過不足なく書き込まれています。

まずは、「結論から話す」について見ていきましょう。


企画を通す場合などにおいて、「こういう企画です」ということと「これは売れます」ということと、どちらが結論なんだ？　と思われませんか？　正解は「これが売れます」が結論です。もっといえば、「これは売れます。だからやりましょう」が結論です

次に、「根拠を示す」際のポイントを見てみます。

「主張と根拠を言う時、聞いている人にとって、意味がつながっているとすぐにわかるようにする」ことが大事です。この、「主張と根拠の意味がつながっている」のが、ロジカルということです

この「主張と根拠のつながり」と同様に大事なのが、根拠を示しすぎない、ということ。この本のなかで、「話が長い人」の問題点を指摘した部分を読んでみましょう。

話が長い人は、根拠をたくさん話します。「あれもよくて、これもよくて……」。会話ならいいですが、仕事では、たくさん言うと、かえって印象に残らなくなります。「あぁなんかたくさん言ってたね」という感じです

こういった点に気をつけて、「結論」→「根拠」→「たとえば」の3段ピラミッドをつくれば、話は伝わりやすくなります。「それだけ？」と思われそうですが、それだけなのです。ぜひ試してみてください。

重要スキル1 話し方③

知的人間になるための思考法と行動習慣

『頭のいい人が話す前に考えていること』（安達裕哉／ダイヤモンド社）

「話し方」の最後に、「深い」と思われるための話し方です。紹介するのは、ベストセラー『頭のいい人が話す前に考えていること』※15（安達裕哉／ダイヤモンド社）です。

この本の著者は、デロイトトーマツコンサルティング（現アビームコンサルティング）を経て、マーケティング会社「ティネクト株式会社」を経営する人物。

話し方の本というと、いわゆる「型」を示すものや、ちょっとしたＴｉｐｓ（ヒントや秘訣）を述べる本が多いのですが、それらの本の弱点は、相手や状況が変わると通用しないこと。

逆に言えば、相手のニーズや人間性、置かれた状況を正しく把握できないで「型」を使うと、思わぬトラブルを引き起こすこともある、ということです。

そうならないために大事なのは、相手のニーズや思いを想像すること、よく聞くこと。そして議論になった際、忘れがちですが、議論の奥にある、本質的な課題を見極めることです。

この本では、「頭のいい人が話す前に考えていること」を整理し、知的人間になるための思考法と行動習慣を伝えています。

なかでも、「話を深くする2つのコツ」、「言葉の定義や成り立ちを考える」、「整理しながら聞く技術」などは、知的活動の基礎ともいうべきものです。

ここは、ぜひマスターしておきたいところです。

まずは、どうして話が「浅く」なるのか、著者の考えを見ていきましょう。

話が浅くなる3つの理由

1. 根拠が薄い
2. 言葉の「意味・定義」をよく考えずに使う

3．成り立ちを知らない

逆に言えば、この3つを避けるだけで「浅い」とは思われなくなります。
それでは話を「深く」するにはどうしたらいいのでしょうか。

話を深くする2つのコツ

1．自分の意見と真逆の意見も調べる
2．統計データを調べる

ネットや文献から、述べようとするテーマについてどんな反対意見があるかを調べましょう。
安易に「多い」「少ない」と述べるのではなく、実際のデータがどうなっているのか、公式サイトやシンクタンクのレポートをチェックしてみましょう。

また、こんなヒントも示しています。

成り立ちを知ることで人と違うアイデアも深い議論も生まれる

物事の成り立ちや歴史を知ることで、今のモノの見方を離れ、斬新なアイデアが生まれる。組織や地域のルーツに根ざした、深い提案ができる。

こんなことができたら、理想的ですよね。

あなたの話が「深い」と思われるためにも、ぜひ読んでみてください。

Column

コラム1

「話し方本」を選ぶときの注意点

ビジネス書評家として、筆者はこれまでさまざまな「話し方本」を読んできました。話し方本だけで1000冊くらい読んだのではないかと思います。

話し方本を選ぶときには、著者がどんなタイプの「話し方」を専門にしているのかを調べるように心がけています。

スピーチなのか、プレゼンなのか、セミナーなのか、テレビなのか、もしくはYouTubeなのか、それとも1on1（1対1のミーティング）やコーチングのような、相談を受けるタイプの話し方なのか、ということです。

スピーチであれば、相手を感動させる技術ですし、プレゼンであれば、相手を説得する技術。セミナーであれば習得させるための教育の知識がなければいけません。テレビ、YouTubeは人気商売なので、メディアを通したフォロワー集めには使えますが、現実世界ではそぐわないこともあるでしょう。1on1、コーチングを得意とする方は、1対1や少人数のコミュニケーションは得意ですが、大会場での話し方はご存知でない場合もあります。

客層を知っておくことも重要です。

社長が集まる場では、多少厳しいことを言っても平気ですが、サラリーマン相手だと反感を買ってしまうことがあります。精神的な悩みを抱える人相手のカウンセリングでは、より繊細なコミュニケーションが求められます。

著者が普段どんな客層を相手にしているのか、そこも踏まえて「話し方本」を選びましょう。

重要スキル2 時間術①

時間をコントロールしてストレスを軽減

『トヨタ生産方式』（大野耐一／ダイヤモンド社）
『ザ・ゴール』（エリヤフ・ゴールドラット　三本木亮・訳／ダイヤモンド社）

重要スキルの2番目は、「時間術」です。

若いうちは、自分の思うように時間をコントロールできません。仕事は上から降ってくるし、取引先や顧客には振り回される、というのが多くの方の現実でしょう。人間は、コントロールや自由を失うと、ストレスを感じるものです。だから、コントロール権のない若いうちは、どうしてもストレス過多になりやすい。

そんな状況から抜け出すためには、時間をコントロールするスキルを学ぶことです。タスクや時間をコントロールしている実感が持てれば、自ずとストレスは軽減され、有能感が感じられるようになるでしょう。


まずは世界一の「ムダ取り」の教科書から始めましょう。

トヨタ生産方式の生みの親、大野耐一による『**トヨタ生産方式**』[※16]です。

この本の注目ポイントは、著者がまとめた「7つのムダ」でしょう。仕事にこれらのムダがあれば、それをなくすことで大幅に時間を節約できます。

1. つくり過ぎのムダ
2. 手待ちのムダ
3. 運搬のムダ
4. 加工そのもののムダ
5. 在庫のムダ
6. 動作のムダ
7. 不良をつくるムダ

つくり過ぎはなぜダメなのか？　それは、それに費やした時間がムダになるからです。そして経営的には、コストが増大するからです。著者は、こう言っています。

つくり過ぎのムダを排除して原価低減に結びつけるには、「生産数と必要数がイコール」にならなければ絶対にいけないのである

筆者の母親は、買い物で受け取ったビニール袋をきれいに折りたたんでストックする癖があるのですが、そのストックされた袋が使われている場面を見たことがありません。そうなると、母が使った時間と労力はムダになるわけです。そして恐ろしいことに、引き出しにパンパンに溜まったビニール袋は、劣化するのです。

次に、手待ちのムダというのは、以下のような状態を指します。

- **機械や人が次の作業を待っている間のアイドルタイム**
- **必要な材料が供給されないために作業できない状態**

・前の人の仕事が完了するのを待っている間の遅延

この手待ちのムダを削減するには、以下のような方法があります。

【生産ラインを改善する】
生産ラインのバランスや、必要な部品や材料の供給を見直す

【ジャストインタイム生産】
必要なときに必要な量だけを生産・供給する

【可視化】
手待ちのムダが発生している箇所を可視化し、解消するための活動を促進する

運搬のムダは、言うまでもないですね。私は今、この原稿を書くために隣の部屋の

本棚から参考資料を取り出してきていますが、本来そこにデスクを置けば、運搬のムダはなくなります。そもそも運搬のムダをなくせないかの検討が必要です。

加工そのもののムダとは、相手が必要としていない機能を製品に加えたり、過度に複雑な加工を施《ほどこ》すことを言います。必要以上に凝ったパワーポイント資料をつくるなどは、これに該当するでしょう。

在庫のムダは言うまでもないですが、意外に人のお金だと思うと無頓着《むとんちゃく》になるのが人間です。将来経営者人材を目指すなら、「まとめ買いで安い」商品には食いつかないようにしましょう。

動作のムダは、作業をするときの人間の動作のムダを言います。動作のムダが存在することで作業効率が落ちるのはもちろんですが、ケガをする可能性や、ムダに疲れるおそれがあります。普段の動きを見直しましょう。

最後に、不良をつくるムダですが、サラリーマンの場合、せっかく完成させた仕事を上司によって戻されるのが、これに該当します。

これに関して、『ラクして速いが一番すごい』（ダイヤモンド社）の著者、松本利明さんはこう述べています。

やり直しは、生産性とモチベーションを一気に下げます。ではどうすればいいか。実は簡単。確認やチェックの回数を増やせばいいのです

「1つ確認ですが」という言葉が便利です。これなら、仮に理解の行き違いがあったときでも、誰かの責任になることはありません

手戻りしないように、上司には頻繁《ひんぱん》に相談して、チェックを受けること。これが、多くのビジネスパーソンが「100点じゃなくても早く出せ」とアドバイスする理由です。

以上、『トヨタ生産方式』の7つのムダを見てきました。「世界のトヨタ」をつくったノウハウを個人が実践すれば、すごいことになると実感できたでしょうか。

そして、次にご紹介するのは、世界的ベストセラーとなった、エリヤフ・ゴールド

ラットの『**ザ・ゴール**』※17です。

小説仕立てで、TOC（Theory of Constraints＝制約性の理論）を解説した、生産性向上のための本で、小説家の村上龍が絶賛したことからもわかるように、小説としても楽しく読めます。

この本の要諦《ようてい》は、部分的にどんなに生産性を上げても（部分最適）、最終的なスループットは制約部分（ボトルネック）に依存する、ということです。

これを伝えるために、小説では、機械メーカーの工場長である主人公アレックス・ロゴが奮闘することになります。

長引く経営の悪化、工場閉鎖までたった3カ月の猶予期間、多忙な日々のなかないがしろにしてきた妻との離婚の危機……。アレックスは、あまりの危機的状況にすっかり意気消沈《いきしょうちん》していました。そんな彼の前に、モデルは著者と目される恩師、ジョナが現れ、アドバイスを与えます。

ジョナのアドバイスは驚くほど的確でしたが、工場の最終的なスループット（生産量）は増えない。いったいどういうことなのか？　追い込まれたアレックスは、ひょんなことから息子デイブのボーイスカウトのハイキングに行くことになり、「ボトルネック」の意味を知ることになります。ハイキングには、太った男の子ハービーがいて、周りの子どもたちがどんなに速く進んでも、結局はハービーを待つことになるのです。

なんてこった。

ほかのみんながどれだけ速く歩こうが、あるいは速く歩くことができようが、それは一切関係ない。いま、誰が先頭を歩いているのかは知らないが、その子は平均以上のスピードで歩いているに違いない。時速五キロくらいだろうか。だけど、それがどうだというのだ。彼が速く歩いたからといって、列全体のスピードを上げるのに役立っているのか。スループットを上げるのに役立っているのか。とんでもない。みんな自分の後ろの人より少しずつ速く歩いているが、列全体のスピードを上げるのに役立っている子は一人もいない。一番後ろではハービーが自分のペースでゆっくりと歩いている。結局は彼が列全体のスループットを決定しているのだつまり、全体最適を実現し、生産性を改善したいなら、ボトルネックの解消に取り組む必要があるということです。

これに関して、個人的な体験談をちょっとお話しさせてください。

筆者は、大学4年の卒業間近に、当時神奈川県の中央林間にあったビクターの工場でアルバイトをしました。CDの光ピックといって、CDを読み込む高付加価値部品を組み立てるアルバイトです。

部品には、視力1・2でやっと見えるほどの小さな穴が4つ空いていて、そこに尖ったピンセットでないとつまめないほどの細い針金を通し、後工程ではんだ付けしていました。

筆者は最初、この針金を通す作業を担当したのですが、じつはこれこそが、工場ラインの「ボトルネック」でした。

目を真っ赤に腫らしながら、頑張ってやってもアルバイト初日は1日に600個でした。見かねたビクターの社員さんが、もう一人「帝王」と呼ばれていたフリーターの男性を加えてくれたのですが、2人いると部品の受け渡しが面倒で、これはこれで効率が悪かった。

考えた末、画期的なやり方を発見しました。

針金を通す穴は、手前に2個、奥に2個あるのですが、奥に入れる際、ミスをすることが多い。目から遠いからです。

そこで、「常に針金が手前にくるようにすれば効率がいいのでは」と考えた筆者は、一計を案じました。

自分が手前に2つ、針金を通して、部品を固定する治具をくるりと回し、「帝王」に渡せば、帝王も手前の2つだけ入れればいい。手渡しのムダもなくなります。

このアイデアで、工場の生産性は驚くほど上がり、1日最大900個生産できるようになりました。

おかげでアルバイトは1週間早く終わってしまったのですが、最終日は半分働いて1日分の給料をゲット。「これが生産性を上げるということか」と実感した出来事でした。

『ザ・ゴール』の教えは、本当に仕事現場で使えるのです。

ぜひ、試してみてください。

重要スキル2 時間術②

「すぐやる」人になりたければ、この2冊

『なぜか、「仕事がうまくいく人」の習慣』
（ケリー・グリーソン　楡井浩一・訳／PHP研究所）

『ゆとりの法則』（トム・デマルコ　伊豆原弓・訳／日経BP）

筆者は、これまでさまざまな仕事術の本、時間術の本を読んできましたが、この本ほど仕事にインパクトを与えてくれた本を知りません。教えてくれたPHP研究所の営業マンに感謝です。

『なぜか、「仕事がうまくいく人」の習慣』※18は、世界中のビジネスパーソンが学んだ、PEP（能力向上プログラム）の要諦を示した一冊。冗談抜きに、生産性が2倍になると思います。

この本のなかで著者は、個人の能率を向上させるルールを紹介していますが、最初のルールがこれ。

初めて触れたり読んだりしたときに、取りかかること

「なぜ、後回しにしてはいけないのか？　優先順位の高い仕事がほかにあるのに？」と思うかもしれませんが、その理由はズバリこれです。

結局は、あちこちに積み上げた書類をぱらぱらとめくって、元の山に戻るまでに、それぞれの書類をもう一度読むことになる。つまり、仕事を二回やって時間を浪費しているのだ

ドキッとしたのではないでしょうか。この優先順位無視のやり方を目にしたときは、筆者も疑わしく思いましたが、確かにうまくいくのです。

この本の1章では、仕事の「先のばし」癖を退治する8つの鉄則を紹介しています。

以下の8つです。

1. 書類を読むのは一度ですませる
2. 重要でない仕事を先に終わらせる
3. 問題は小さなうちに解決する
4. 仕事の邪魔になる原因となる業務を、真っ先に処理する
5. やり残したことを片づける
6. 過去ではなく、未来を目指して仕事を始める
7. 「時間がかかるから」を先のばしの言いわけにしない
8. 先のばしから解放されれば、もっと元気になる

この1章を読むだけでも、仕事に劇的な変化が訪れますが、もっと能力を上げたいと思う人には、この本の第2章にある「すぐに整理する」も役立ちます。処分すべき「紙」と「がらくた」をデスクから追放し、著者の3つのアドバイスを受け入れれば、今すぐにでも、仕事を快適にすることができるでしょう。

3つのアドバイスは、以下の通りです。

1. ものの置き場所をつくること
2. デスクには現在手をつけているものしか置かないこと
3. できのいい予定表のシステムを利用して、自分がほんとうにやるつもりになったときに、何をすべきか思い出せるようにすること

また、以下のアドバイスも役に立ちました。

・電話タイムを決めて「まとめて」連絡をすませる
・一日の中でEメールを処理する時間をきめる

これで驚くほど効率が上がります。個人的には時間術本のナンバー1です。

もう一冊、ちょっと変わり種の本をご紹介しておきましょう。

ソフトウェア開発のコンサルタントとして知られるトム・デマルコが、知的ワークの生産性について語った一冊です。

『ピープルウエア』（原題『Peopleware』）、『デッドライン』（原題『The Deadline』）などの著書で知られ、マイクロソフト、アップル、ヒューレット・パッカード、IBMなどのコンサルタントを務めたトム・デマルコが、プロジェクト管理における「ゆとり」の重要性と、これまでの効率重視の管理方法への異論を唱えたのが**『ゆとりの法則』**※19です。

デマルコは、生産現場のブルーカラー労働者を対象に開発された管理手法は、今日の知識労働には当てはまらないと指摘しています。

「人間は時間的なプレッシャーをいくらかけられても、速くは考えられない」という指摘や、中断が知的生産の効率を妨げると指摘した部分が、特に役立つと思います。

知的労働に携わる人は、上司や顧客、家族も含めて、あらゆる中断の可能性をシャットアウトすること。そうしなければ、アイデアも生まれてきません。

ベストセラー作家がなぜ家族に向けて謝辞を書くのか、わかるような気がしますね。

重要スキル3 成果を上げる習慣術①

知識と時間を使って、成果を上げ続ける

『経営者の条件』（ピーター・F・ドラッカー 上田惇生・訳／ダイヤモンド社）

『経営者の条件』※20は、「マネジメントの父」ピーター・F・ドラッカーの古典名著の一つ。ビジネスパーソンが成果を上げるための習慣を説いています。

この本を通して筆者が一番伝えたいことは、以下の部分です。

人間、特に知識労働者は、自らに課される要求に応じて成長する。自分が業績や達成とみなすものに従って成長する。自らに対し、少ししか要求しなければ、成長はしない。極めて多くを要求すれば、何も達成しない人間と同じ程度の努力で、巨人にまで成長する。

要するに、「高い基準を持て」ということなのですが、考えてみれば、ビジネスの世界の巨人たちは、みなこのような考え方をしていた気がします。

この本のなかで著者は、仕事における極めて重要な指摘をしています。

組織の内部には、成果は存在しない。すべての成果は、外部の世界にある

成果は、組織の外にある。だからわれわれは、外の世界に目を向けなければなりません。仕事のリサーチだけでは足りません。プライベートでも意識を外に向ける必要があるのです。

では次に、どうすれば成果を上げることができるのか。著者が言及しているのは、以下の5つの習慣的能力です。

1．何に自分の時間がとられているかを知ること
2．外部の世界に対する貢献に焦点を当てること

3. 強みを基準に据えること
4. 優れた仕事が際だった成果をあげる領域に、力を集中すること
5. 成果をあげるよう意思決定を行うこと

時間の使い方に関しては、自分の一日の行動を意識的に記録することで把握できます。外部への貢献に関しては、声を聞き、思いを巡らすことで理解できるでしょう。

強みは、他者との間で相対的に出てくるもの。自分を客観視しましょう。力を集中させるのは、ビジネスの基本です。そして成果を上げるよう意思決定をする。ブレることなく、成果直結型の行動を取るのです。

ドラッカーの本のほとんどは管理職向けですが、こちらは仕事を始めたばかりの若手が読んでも刺さる内容だと思います。

あらゆる仕事本の基本が詰まった名著です。ぜひ、読んでみてください。

重要スキル3 成果を上げる習慣術②

何かを始めるなら、まずは『小さな習慣』から

『小さな習慣』（スティーヴン・ガイズ　田口未和・訳／ダイヤモンド社）

筆者は日刊書評メルマガを19年、ダイエットのためのスクワットを7年続けられていますが、その理由は、「挫折しない方法」を知っているからです。

その挫折しない方法というのが、じつはこの『小さな習慣』※21で紹介されているメソッドです。

著者のスティーヴン・ガイズ氏は、ホワイト・ダヴ・ブックスにより、2012年の自己啓発ブログ第1位に選ばれた執筆者。

この本では、「たった1回の腕立て伏せ」という一見バカげたスタートから運動習慣をモノにする方法を、科学的根拠も加えて解説しています。

なぜ小さな習慣が脳を味方にするのか、なぜ従来のダイエット方法や運動法はリバウンドを誘発するのか、この本を読めば、その理由がよくわかるはずです。

達成習慣を身につけるために、自信をつけるために、ぜひこの「小さな習慣」をモノにしましょう。

参考までに、この本の主張のポイントをピックアップしてみましょう。

・何かを少しだけでもするほうが、何もしないよりずっと価値は大きい
・たった1回の腕立て伏せが、30分の筋トレに発展
・小さな習慣は、ばかばかしいほど小さなステップから成り立つ
・行動が習慣になるまでにかかる日数は平均66日——これはあくまでも平均値で、実際には18日から254日と大きな幅がありました

何もやらないよりは、小さな習慣を毎日続けること。ぜひ試してみてください。

重要スキル3

成果を上げる習慣術③

習慣力を身につけるための「武器」はこの2冊

『やり抜く自分に変わる超習慣力』
（ウェンディ・ウッド　花塚恵／ダイヤモンド社）

『習慣と脳の科学』
（ラッセル・A・ポルドラック　神谷之康・監訳　児島修・訳／みすず書房）

『小さな習慣』では満足しない人のために紹介するのが、『影響力の武器』のロバート・チャルディーニ、『やり抜く力　GRIT』のアンジェラ・ダックワース、『GIVE&TAKE』のアダム・グラントが絶賛する、この習慣本、**『やり抜く自分に変わる超習慣力』**[※22]です。

習慣科学の権威、ウェンディ・ウッド氏が、これまでに行われてきた習慣研究の成果をまとめ、習慣のメカニズムと、本当に習慣づくりに「効く」メソッドを紹介した一冊です。

何かを実践するのに、「意志」の力を酷使するのは得策でないと、既に多くの人が学んでいると思いますが、であれば、何を用いて新たな習慣を確立するのか。勉強であれ、運動であれ、ダイエットであれ、すべての行動に当てはまる習慣化の知恵がまとめられています。

「状況」が生む影響や「繰り返し」のパワー、脳が喜ぶ報酬の原理、一貫性の法則がわかれば、どんな人でも成功の第一歩を歩むことができる。

自らの習慣を変えたい人はもちろんですが、他者に良い習慣をつけさせたい教師、上司、親にも有用な一冊です。

習慣に関することで、みなさんが知っておくと有利なことをいくつかピックアップしてみましょう。

・2人以上で暮らしている人、それも子どもがいる人はとくに、習慣の数がわずかに少なかった。どうやら他者がいると、人は行動に融通を利かせる

らしい

誰かと一緒に暮らすと、習慣が他人の影響を受ける。だからこそ、周囲に影響されない場所の確保や自分のルーティンをつくることが重要です。

・引っ越しをすると、繰り返し行っていた投票という習慣が破壊されてしまう

引越しは、良い習慣も悪い習慣も断ち切ります。悪い習慣をやめたいときは積極的に活用しましょう。

・実証されたのは結局、「自己管理に長けた人」は、そうでない人に比べて習慣として自動的に行うタスクを実行に移すのが得意ということだった。単純にタスクを自動化することに秀でているのだ

人間の意志力は思ったほど強くない。おまけに使える意志力には限界がある、というのが最近の見解です。意志の力に頼るのではなく、自動化する仕組みを考えましょう。

実験に参加した人たちは、リンゴが手の届くところにあるときは、約50キロカロリーしか摂取しなかったのに対し、ポップコーンの入ったボウルが手の届くところにあると、その約3倍のカロリーを摂取した

悪い行為につながるものは、近くに置かない。良い行為につながるものは近くに置く、が正解です。家具屋さんに行くと、なぜかソファとテレビがセットで置かれているのですが、それでは子どもがテレビを見るのは当たり前でしょう。ソファの前に本棚を置けば、本を読む子どもに変わる。ただそれだけです。

ジムから3・7マイル（約6キロ）と中程度の距離に住む人は、月に5回以上ジムを訪れた。だが、ジムから5・1マイル（約8キロ）前後の距離に住む人は、

月に1回しかジムに行かなかった

アクセスが良いことは、行動の頻度を変えます。良い習慣を定着させたいなら、思い切って引っ越しをするのも手かもしれません。車を持っている方なら、ケチらず駐車場を契約するのもアリですね。

そして最後、こちらが習慣形成のカギになると思います。

・合図の確立は習慣形成の近道

人間は、過去に満足する結果を得た合図に敏感で、それゆえに有益な行動を取り続けることができます。良い習慣を手に入れるには、自分を動かす良い「合図」を形成することです。

筆者は、ダイエットのためのスクワット110回を7年間毎日続けていますが、「シャワー」を合図にしています。「シャワーを浴びたらスクワットをする」と脳に言いきかせることで、つらい運動を楽しく習慣化しています。

習慣に関して、もう一冊紹介しておきましょう。

『やり抜く力 GRIT』のアンジェラ・ダックワースが絶賛する、習慣と脳に関する本、**『習慣と脳の科学』**※23です。著者は、スタンフォード大学心理学部教授のラッセル・A・ポルドラック。

脳神経科学や心理学の知見の集積から、習慣を形成する脳のメカニズムを解き明かしたもので、かなり本格的な論考です。

特に第2章「脳が習慣を生み出すメカニズム」は、難解ですが必読です。これを読むと、巷《ちまた》の脳科学本や習慣本は、かなり事実を単純化して伝えていることがわかります。

脳に直接路と間接路があることや、ドーパミンがニューロンに直接興奮や抑制を引き起こすのではないこと、ニューロンにはさまざまな種類のドーパミン受容体があることなど、複雑なメカニズムが、丁寧に順を追って説明されており、脳の仕組みがよくわかります。

そしてなぜ習慣形成が難しいのか、一度形成された悪い習慣が元に戻ってしまうのか、その理由もよくわかります。

ウォーレン・バフェットをはじめ、多くの成功者は習慣の重要性を説きますが、それは良い習慣が、人間を半自動的に成功に導くからだと思います。

逆に、悪い習慣は人生を破壊する威力を持つので、われわれは誰しも、習慣のメカニズムを一度は学ぶべきだと思います。

この本は、その習慣のメカニズムを解説した、現時点で最高のテキストです。

習慣形成や衝動のコントロール、学習などでお悩みの方はもちろん、わが子や生徒を正しい道に導きたい、すべての人におすすめの内容です。

習慣形成に関して、これまでフォローできていなかった部分を拾ってみましょう。

- ドーパミンニューロンが敏感なのは厳密には報酬に対してではなく、〝予測とは異なる状況〟に対してである
- 古い習慣は死なない
- 習慣が形成されると、線条体と前頭前野が協力して一連の行動の流れを個々の行動の集合ではなく一つのまとまった行動単位に変えるため、いっ

たん開始されると途中で止めるのがとても難しくなる
・習慣を克服するのが難しいのは、習慣化が進むにつれて、そのきっかけとなる手掛かりを無視するのが難しくなっていくから
・自制心が強いと思われる人は、衝動を抑えるのが得意なのではなく、そもそも自制心を働かせる必要性を回避することが得意
・行動変容にはシンプルなルールの方が効果的である可能性が高い

人間が行動するとき、習慣が形成されるとき、われわれの脳で何が起こっているのか、詳しく知りたい人に、おすすめの一冊です。

重要スキル4

思考スキル①論点思考

問題解決のスペシャリストになるには

『論点思考』(内田和成/東洋経済新報社)

人と違う答えを出したいのなら、まずは問題自体のとらえ方を変えることです。そのためには、「現在の論点を疑う問い」を立てることです。

一流のビジネスパーソンと呼ばれる方は、みなこの「問う力」を備えているものですが、ではいったいどうすれば、この力を鍛えることができるのか。

それに応えてくれるのが、この『論点思考』※24です。

かつてボストンコンサルティンググループ(BCG)の日本代表を務めた著者によるロングセラー本で、問題を解く前に、「そもそもその問題には解く価値があるのか」を問う、まさに経営者、コンサルタントのための思考術です。

この本の冒頭で、ケーキをAさん、Bさん双方が納得するよう二つに分ける課題が出てきますが、ここでの正解は、「Aさんができるだけ半分になるように切り分け、Bさんに好きなほうを選ばせる」というもの。

求められているのは、厳密に二等分することではなく、「二人が納得するように」という部分だったのです。

この本で言う「論点思考」とは、「自分が説くべき問題」を定義するプロセスのことですが、この本には、まさにこのプロセスが書かれています。

故障時における顧客の工場のロスを最小限に押さえるため、リモート診断装置を検査機器に組み込んで差別化を果たしたC社の例、犯罪を激減させたジュリアーニ元ニューヨーク市長の例など、優れた論点思考の例がいくつも登場する、興味深い読み物です。

本文から、論点思考のエッセンスをピックアップしてみましょう。

まずは、紹介されている事例から2つほど。

このメーカーでは、紙の見た目ではなく、コピー機で使われたときに紙が詰まらないような紙を開発した。結果として大変な評判になり、価格競争を免れることができたという。このメーカーは顧客の真の論点が安い紙を買うことではなく、事務の効率を上げることにあると気づいたから、こうした解決策を提示することができた

ジュリアーニは「いきなり凶悪犯罪を減らすことはできないし、それより小さな犯罪を徹底的に取り締まったほうが簡単だし、結果として街が安全になる」ということに気づき、それを解決すべき課題、すなわち論点として設定した

どうすれば、このように適切な論点が設定できるのか？　この本では、論点思考の4つのステップが示されています。

論点思考の4つのステップ

1．論点候補を拾いだす

2. 論点を絞り込む
3. 論点を確定する
4. 全体像で確認する

そして、やり手のコンサルタントらしく、組織に眠っている論点を導き出すための、ちょっとしたヒントが示されています。

私がよくやっているのは、経営者が問題意識をあまりもっていない分野に注目する方法である。例えば、経営者が「営業に問題がある」といっているときに、商品開発や生産に目を向ける。というのも、経営者が関心をもっている分野は、企業の中でも比較的しっかりマネジメントされているのに対し、経営者があまり関心をもっていない分野に大問題が潜んでいたり、改善の宝の山があったりすることが多いからである

つい先日、某大手企業の社長さんと知り合って、「商品開発」テーマの社内研修を

頼まれたのですが、話を聞くと、商品開発には問題がなく、むしろ素晴らしい商品がたくさん出ているのに認知度が低いのが問題のようでした。

人間は論点を間違う。だからこそ、「論点思考」で、いま議論している論点は正しいか？　を問わなければならないのです。

最後に、この本に書かれている、「問題を検討する際の３つのポイント」を紹介しておきましょう。問題解決のスペシャリストを目指すために、ぜひ知っておきたいポイントです。

問題を検討する際の３つのポイント

1. 解決できるか、できないか
2. 解決できるとして実行可能（容易）か
3. 解決したらどれだけの効果があるか

重要スキル4

思考スキル②仮説思考

超速で問題発見・問題解決できる技法

『仮説思考』（内田和成／東洋経済新報社）

先の『論点思考』に先駆けて出された、元ＢＣＧ日本代表によるベストセラーが**『仮説思考』**※25です。

仮説から始めて超速で問題発見・解決をする戦略コンサルタントの技法で、できる人はみな、この手法を実践しています。

なぜ仮説から入るのか？　それは、仮説思考を実践することで、経営者として必要な能力が養えるからです。

著者の言葉をピックアップしてみましょう。

仕事の進め方で大事なことは答えから発想することだ

意思決定をするときには、いますでにある選択肢を狭めてくれる情報だけが役立つ

ビジネスに客観的な答えなどない。（中略）すべては相対的であり、自社が何をするかによって、相手の動きも変わる。となれば、数学のような答えを求めるよりは、自社がこう動くと取引先や消費者はどう動き、それに対して競争相手がどう反応するかということを読み解くことにカギがある

著者の言葉をまとめてみると、この仮説思考がなぜ経営者になるためのトレーニングなのか、よくわかる気がしますね。

慎重に物事を進める方のなかには、すべての情報や選択肢を並べてから判断したい、という方もいますが、著者によるとそれでは非効率。

「仮説思考」なら、先に仮説を立てて、必要な情報収集をするため、情報収集にかける時間が極端に節約できる。

だから、デキる人は着手も速い上、問題解決に至るスピードも速いのです。

もちろん、これだと「間違ったストーリーをつくってしまうのでは？」という心配がありますが、著者によると、そのような場合には、「証拠集めを始めた段階で、仮説を肯定するような証拠がなかなか集まらない」とのこと。

多少軌道修正しても、仮説思考を使った方が、すべてやるより結局は早い、ということなのでしょう。

そして、仮説思考を実践する副次的効果も示されています。

仮説→実験→検証を繰り返すことによって、個人や組織の能力は向上する

質問は深く掘り下げていく必要がある。仮説を立てるためにも、仮説を進化させるためにもこれはとても重要

そして次に著者が述べる「幅広く考える方法」も押さえておきましょう。

幅広く考える方法

1．反対側から見る（顧客・消費者、現場、競争相手の視点）
2．両極端に振って考える
3．ゼロベースで考える

この本には、仮説検証のフレームワークのほかにも、事例やエクササイズが用意されており、仮説思考力を高めるには最適の一冊です。

見た目には難しそうですが、文章も読みやすいので、ぜひチャレンジしてみてください。

重要スキル4

思考スキル③ロジカルシンキング＆起業家思考

問題解決力を高める、論理的思考＋α

『はじめて考えるときのように』（野矢茂樹／ＰＨＰ研究所）
『エフェクチュエーション』（サラス・サラスバシー 加護野忠男・監訳 高瀬進、吉田満梨・訳／碩学舎）

論理学関連の著書を多数持つ哲学者が、考えることの本質に迫った一冊が『**はじめて考えるときのように**』[※26]です。２００１年に単行本が発売されて以来、ずっとロングで売れ続けている名著です。

一時期、ロジカルシンキングやクリティカルシンキングの名で、論理思考の本が多数出ましたが、そんな時期に、『純粋に論理だけ』というのは、むしろ『考える』ことを放棄しているんだ」と喝破しています。

著者のシンプルだけれど深遠な問いに答えるうちに、考えることの本質がわかってくる、そんな一冊です。

普段行っている「観察」と「論理」に加えて、「考える」ことをすると、問題解決力が高まる。そして「考える」ためには、他人の声が必要。問題が必要。さらには現実から身を引き離すことが必要です。

ＡＩが登場し、考える力がかつてないほど重視されている今、この本はわれわれに、人間はどう考えるべきか、考えるためにどんな態度で仕事や日常に接すればいいのかのヒントを示しています。

決して答えが書かれているわけではありませんが、著者とともに思索の世界をさまようことで、きっと考えることの本質が見えてくると思います。

論理的であることについて、著者はこんなシンプルな答えを出しています。

前提の意味をはっきりさせること。そうすれば、結論はそこに書いてある。

そこに書いてない結論を引き出してきたら、それは論理的には飛躍があるってことだそして、問題解決の前の心構えとして、こんなことを言っています。

学校でやらされていた問題などは、問いのかたちがはっきりしていて、きちんとした答えがあることが保証されたものだった。だけど、ぼくらがしばしば出会う問題はぜんぜんそうじゃない。答えがあるかどうかもはっきりしないし、だいいち、どういう問題なのか、問いのかたちがはっきりしないのだ。だから、問題に向かったときの最初の声はこういうものになる。「これはいったい、どういう問題なんだろう」

また、考えるときの注意点として、こんなことも言っています。

同じことばで表現されていても、その背景に何があるかによって問いの意味は変わってくる

条件文というのは、その条件が満たされていないときのことは何も主張して

いない

考えるということは、現実から身を引き離すことを必要とする

いちばんむずかしいのは、つめこんだものをいったん空っぽにすることだ。つめこんで、空っぽにしないと、新しいものは入ってこない

これらのことを自然に考えられるようになれば、論理力・思考力がついたということ。まずは頭を柔らかくして、この本に臨んでみてください。

マーケットが「既に存在する」状況では、論理思考が有効ですが、今日のようにマーケットを新たに切り拓かなくてはいけない場合、新たな思考法が必要です。

『**エフェクチュエーション**』※27は、熟達した起業家の意思決定を研究してきた研究者、サラス・サラスバシーが提唱する、注目の思考法です。

著者は、インドで生まれ、ボンベイ大学で統計学、カーネギーメロン大学で情報システムとアントレプレナーシップを専攻した研究者にして起業家。ノーベル経済学賞受賞者である、ハーバート・サイモン教授の最晩年の弟子としても知られる人物です。

エフェクチュエーションは、「市場が既に存在する」と考える、フィリップ・コトラーの伝統的なマーケティング・マネジメント（コーゼーション〈因果論〉と呼ぶ）へのアンチテーゼとも言える考え方で、「実効論」とも訳されます。以下の3種類の不確実性が存在するときに有効とされています。

3種類の不確実性

1. 確率分布も結果も未知であり、確率や予測される結果を計算することが不可能な状態
2. 選好が所与ではなく、うまく順序づけもされていない状態
3. 環境のどの要素に注意を払うべきで、どれを無視するのかが明確でない状態

こんな不確実な状況で、熟達した起業家たちは、どうやって意思決定するのか。

結論から言うと、起業家は、「彼らが誰であるのか（who they are)」、「何を知っているのか（what they know)」、「誰を知っているのか（whom they know)」からビジネスをスタートします。

1つ目の「彼らが誰であるのか（who they are)」に関して言うと、彼らは自分の好き嫌いや意志、感性を最大限活かしてビジネスをします。実際の発言を見てみましょう。

「学校は嫌いなので、私はこれを、アメリカの大企業に売りたいね」
「私はゲームビジネスではなく、教育ビジネスに関わりたいと思う」
「ゲームに興味がそそられる。すごくエキサイティングな分野だと思う」

「好き嫌い」に関しては、以前に経営学者の楠木建さんが、『「好き嫌い」と経営』（楠木建／東洋経済新報社）という本を書いていて、いかにして「好き嫌い」が企業の独自性や文化をつくるか、さらには競争優位性をつくるかについてコメントしていました。

「好き嫌い」は、戦略なのです。

ちなみに、『「好き嫌い」と経営』には、登場する経営者の「好き嫌い」が出てきます。

これを見ると、企業の独自性がなぜ生まれるのか、わかる気がしますね。


永守重信「何でも一番」が好き。

柳井　正「デカい商売」が好き。

新浪剛史「嫌いなやつに嫌われる」のが好き。

藤田　晋「今に見てろよ！」が好き。

前澤友作「人との競争」が嫌い。

星野佳路「スキーと目標設定」が好き。


そして、2つ目の「彼らが何を知っているのか（what they know）」の源泉は、大きく2つ。以前の職務経験を活用することと、経験について何らかのアナロジーを用いることです。起業家を目指すなら、サラリーマン時代の経験が重要だということがよくわかりますね。

アナロジー思考に関しては、『アナロジー思考』（細谷功／東洋経済新報社）と『メモの魔力』（前田裕二／幻冬舎）が役立つと思います。

3つ目の「誰を知っているのか（whom they know）」に関しては、優れた起業家たちが、「彼らの戦略パートナーを、最初の顧客として選択した」ことを指摘しています。

調査協力者の一人は、最初のマーケティングリサーチに関して、こんなコメントをしています。

「私にとってのマーケットリサーチは、実際の販売をやってみることです。それは大変ですが、マーケットリサーチをするよりはよっぽどましです」

要するに、実際に売ってみることが一番のマーケットリサーチであり、そこから自ずと改善点も見えてくる、というわけです。市場に関する情報が何もないとき、有効な考え方だというのがよくわかりますね。

そしてこの本の最重要部分は、熟達した起業家たちが実践している「5つの原則」

です。
この5つの原則を読めば、エフェクチュエーションの基本はほぼ押さえられると思います。

5つの原則

1. **「手中の鳥」の原則**
手段からスタートし新しい結果を創る

2. **「許容可能な損失」の原則**
コーゼーション〈因果論〉に基づく起業家にとって、創業の決断は、優れた意思決定をするために、できる限り正確にさまざまなパラメータを特定することを意味する。対照的に、エフェクチュエーションの論理は、ベンチャーを始める上で、「どれだけなら失うことができるか」の決定を要求する

3. **「クレイジーキルト」の原則**
調査対象者たちが好んだスタートアップの始まりは、顧客を関与者とし

てパートナーシップに巻き込むことだった

4．「レモネード」の原則

「すっぱいレモンをつかまされたら、レモネードを作れ」

5．「飛行機の中のパイロット」の原則

「不確実な未来における予測可能な側面」に焦点を合わせる

アマゾンジャパンが立ち上がる以前、同社は「エメラルドドリームズ」という名前で秘密裏に活動していましたが、エメラルドは「緑」にも「青」にもなり得る。このエメラルドの比喩を使って、著者は変化するマーケットを「グルー市場（グリーンにもブルーにもなり得る市場）」と名付け、グルー市場での振る舞い方を述べています。いわく、「エフェクチュアルに行為せよ」。

市場がまだでき上がっていない段階で、どう振る舞えばいいか。何から始めればいいか。答えのないビジネスに挑むとき、役に立つ一冊です。

重要スキル5

アイデア＆発想術①
アイデアは地道な作業から生まれる

『インベンション 僕は未来を創意する』
（ジェームズ・ダイソン　川上純子・訳／日本経済新聞出版）

アイデア＆発想術の1冊目は、革命的と言われたサイクロン式掃除機を開発し、ダイソンを世界的企業に押し上げた、同社の創業者兼チーフエンジニア、ジェームズ・ダイソン本人による一冊、『**インベンション 僕は未来を創意する**』※28です。

画期的掃除機の発明の裏に、どんな失敗や努力があったのか。そして、そこにどんなビジネス特有の理不尽さがあったのか、本人の口から赤裸々に語られる、超絶面白いノンフィクションです。

帯に「成功の陰に、5126回の失敗あり。」と書かれていますが、なぜこの数字を正確に覚えていられるのか？　そこに、ダイソン氏の常人離れした実験への執念を見ることができます。

世間では、発明とは才気のひらめきであるかのように語られる。例の「ユーレカ！」の瞬間だ。だが、残念ながら、そういう発明はめったにない。発明の本質とは、成功の瞬間に至るまで、失敗を受け入れ続けることにある

著者は、この「ユーレカ！」幻想について、この本のなかで、再度こう語ります。

僕だってそうあってほしいと思う。だが、ユーレカ的な瞬間はめったにない。むしろ、まず一つの設計を試し、それから一カ所ずつ変更してみることで、うまくいくこと、いかないことがわかってくる

つまり、５１２６回の失敗はその結果であり、その間15年間、著者と家族は借金まみれの生活に耐えなければならなかったということです。

では、その間、著者を支えたものとは何だったのか？　何を心の糧に、障害だらけの道を突き進むことができたのか？

著者が憧れたエンジニアリングの偉人たち、決定的瞬間まで付き合ってくれた妻、危機を救ってくれた同志や取引先……。

読者は、ダイソンの起業物語を追体験することで、起業の困難と醍醐味、そしてなぜ理想を叶えるために挑戦する必要があるのか、その理由を知ることになるでしょう。

アイデアを発想するには、「生み出す理由」が先になければいけない。そうでなければ、困難を克服できないからです。

この本のなかから、アイデア発想につながるポイントをピックアップしてみましょう。

研究とは、科学に則って得られた理論に従い実験を繰り返し、失敗を受け入れるどころか喜びさえし、さらに実験を続けることである。発明には、ひらめきよりも、持続力や忍耐強い観察のほうが重要だ

昔、筆者は『発想する会社!』(早川書房)の著者、IDEOのトム・ケリー氏にインタビューしたことがあります。インタビューで「あなたの本を読んでいると、アイデア発想の要諦は観察にあるように思える」と言ったら、「本当にそうなんだ。でも誰もそこに言及しないんだよ」と言っていました。
アイデアは華麗に頭から出てくるものではなく、地道な現場観察の結果、生まれる。そのことをダイソンも知っていたのでしょう。

僕は新しいもの——見た目は変わっているかもしれないもの——を創りたかった。売れるとわかっているから作るのではないものだ。独創的でまったく新しい製品をデザインして作って売ることこそ究極の挑戦である、と僕は考える。これを実現するためには、しっかり教育を受けただけではだめで、単なるデザイナーやエンジニアを超える何者かになる必要がある。僕が模範とする本田宗一郎やアンドレ・シトロエン、そしてソニーのウォークマンを生み出した盛田昭夫のように、プロセス全体をコントロールする必要がある優れたモノを生み出そうと思ったら、そう強く思うこと。そして実際に生み出した先人たちの仕事にインスパイアされることです。本を読んだり、博物館に行けば、それらの仕事を見ることができますが、大事なのは、当時なぜそれが画期的だったのか、当時の人のニーズと目線で見ることです。現在の視点で見て、「古くさい」と片づけていては、想像力は磨かれません。そして、想像力を欠いたところに、創造性もないのです。

たいていの掃除機の三倍以上もするDC01の価格は高すぎると警告されたことがあった。だが、本当によく売れた。（中略）掃除機が吸い込んだ塵や細かなホコリが透明な容器の中に溜まっているのを見たい人なんていないと言われたこともある。簡単な市場調査もこの主張を裏付けていた。しかし、ピートもシミオンも僕も、吸い込んだ細かなホコリが透明容器の中に溜まっていくのが見えるのは面白いと思ったから、市場調査を無視した

時に市場調査を無視すること。これは、ヒットメーカーが口々に言うことです。なぜ顧客の声を無視しなければならないのか？　それは、彼らもまた、現在の目線からしかアイデアを見ていないからです。

人間は、高くてもそれに見合う性能やデザイン性があれば買うし、綺麗にデザインされたプロダクトであれば、ホコリだって見たいと思うのです。

ダイソンでは、電力が失われても電圧は維持されるソフトウエアと電子機器を開発した。これにより、電池が「空になる」スピードは速くなるが、少なくとも最後まで性能が落ちることがなく、電源は突然切れる形になる。ライバル企業から、ダイソンの充電は持ちが悪いと言われかねず、リスクの高い方針だった。しかし、掃除機を使う人はできるだけすばやく効率的に掃除をしたいと思っているため、モーターがだんだん遅くなる音が聞こえたり吸引力が衰えたりするほうを嫌がるだろうと僕たちは考えた

性能に限りがある場合、顧客にとっての合理性を考えることが、プロダクトの成功

のカギになる。かつて任天堂がファミコンでやって、ビジネススクールのケースにまでなったことが、日本企業にできていなかったから、ダイソンに負けたのでしょう（任天堂のファミコンは、ゲームに機能を絞ることで、他社よりも高性能な商品に見せることに成功した）。

起業モノのノンフィクションとして読んでも面白いですが、この本を推す一番の理由は、スーパーカブを生んだ本田宗一郎、ウォークマンを生んだ盛田昭夫、市場調査を無視し、英国史上最も売れた車、ミニを生んだアレック・イシゴニスなど、ダイソンに影響を与えた素晴らしいイノベーターたちのストーリーが、ダイソン自身の言葉で語られているからです。

彼がイノベーターたちや自身の経験から何を受け取り、どうやってそれを製品やビジネスに実装していったのか、そのプロセスを辿ることは、どんな勉強よりも役立つでしょう。

重要スキル5

アイデア&発想術②
イノベーションを生むための百科事典

『進化思考』（太刀川英輔／海士の風）
『10億アイデアのつくり方』（梅澤大輔　橋本陽輔・監修／日本経営合理化協会）

幸いなことに、イノベーションやアイデア発想については、達人が体系化してくれた本がいくつかあります。そのなかでも画期的なのが、この『**進化思考**』※29です。

グッドデザイン賞金賞（日本）、アジアデザイン賞大賞（香港）ほか、100以上の国際賞を受賞し、『東京防災』をはじめ、数々のヒットを手掛けた著者が、創造と進化の関係性を述べた一冊です。

生物の進化のパターンを分析し、それをクリエイティブ活動に使えるよう体系化し、事例まで述べた内容で、イノベーションの百科事典ともいえる内容です。

「進化パターンの百科事典。結合の要素が分かれば、誰もが創造できる」

（ビジネスデザイナー　濱口秀司氏）

「ここまでイノベーションを体系化した本はなかった」

（面白法人カヤック代表　柳澤大輔氏）

と、各界著名人が絶賛しているように、プロから評価の高い本で、第30回山本七平賞も受賞しています。

「変異」と「適応」という、進化のループを回すことで、われわれはアイデアを無限に生み出し、それを社会に実装していくことができる。

この考え方は、今後モノづくりをする方、社会変革を推進する方を始め、すべての人が知っておくべき考え方だと思います。

人類史に残るイノベーションのエピソードを丁寧に拾い上げ、まとめている点も秀逸で、書籍価格をゆうに超える資料価値があります。

丁寧かつクリエイティブな本づくりで、デザイン面でも楽しめるのではないでしょうか。

この本の白眉は、アイデアを生み出すための「変異の9パターン」が図式化され、解説されていることです。

ある程度現場経験のある方なら、この本のリストを見るだけでも、アイデア発想のヒントが浮かんでくるはずです。

「変異の9パターン」について、ちょっとだけ紹介しましょう。

変異の9パターン

「変量」極端な量を想像してみよう
「擬態」欲しい状況を真似てみよう
「欠失」標準装備を減らしてみよう
「増殖」常識よりも増やしてみよう
「転移」新しい場所を探してみよう
「交換」違う物に入れ替えてみよう

「分離」別々の要素に分けてみよう
「逆転」真逆の状況を考えてみよう
「融合」意外な物と組み合わせよう

たとえば、変量を例にとれば、iPhoneを超大きくすればiPadになるし、カメラを超小型にすれば「スパイ用カメラ」になる。木を超薄くすれば紙という発明になるし、靴を超厚くすれば「厚底ブーツ」になる。

ほかにも、超高くすることで生まれた「超高層ビル」、超長くすることで生まれた「胃カメラ」、超軽くすることで生まれた名作椅子「スーパーレッジェーラ」、超速くすることで生まれた「F1カー」、超遅くすることで生まれた「スローモーション」、超柔らかくすることで生まれた「ゴム」など、興味深い事例がいくつも紹介されています。

目的はビジネス、でも事例は自然界というバランスが絶妙なところで、生物進化の知恵とアイデア発想を、うまく融合させています。

もう一つ、この本から学んでおきたいのは、創造性の鍛錬になるという、「時空観学習の４つの観点」です。
日頃からこの４つを心掛けておくことで、固定観念を離れ、物事を素直にとらえること、創造的になることが可能となるでしょう。

解剖（内部）中身を分けて理由を観察する
系統（過去）物事の古くからの文脈を知る
生態（外部）モノや人の繋がりを理解する
予測（未来）未来の課題を知り希望を描く

ヒット商品がつくれれば、会社でヒーローとなり、最悪でもコンサルタントとして食っていける。あくまで周囲を見た感想ですが、それぐらいヒット商品をコンスタントにつくれる能力は重宝されます。

『10億アイデアのつくり方』※30では、「サンスタートニックシャンプー」「ズックリン」「カビキラー」「固めるテンプル」「禁煙パイポ」などのヒット商品を手掛け、累計7兆円を稼いだマーケティングの神様、梅澤伸嘉《のぶよし》氏の手法を、後継者である著者が詳細に紹介しています。

税込2万円を超える高額書籍ですが、それもそのはず。この本には、梅澤伸嘉氏がコンサルティング現場（非公開）で実際に使っていたノウハウが紹介されているのです。

巻末付録には赤で「秘伝」と書かれた封筒が付いており、そのなかに秘密の小冊子が入っているのですが、これを見た時点でワクワクしてきます。

内容は、シンプルながらお客様の深いニーズを探る方法、そしてそれを商品開発につなげる方法が書かれており、確かにこれなら画期的新商品が生まれるなと思いました。

いわば、できる開発者の頭の中を「見える化」した感じでしょうか。

巻頭資料には、「カビキラー」「禁煙パイポ」「写ルンです」「ウコンの力」がどんなニーズ分析と思考プロセスから生まれたか、著者秘伝のシートに書き込む形でまとめられています。

さらに本文では、消費者の潜在ニーズを発見するためのキーニーズ法の解説、さらにヒット商品の事例をもとに、キーニーズ法の実践方法を解説しています。

ここで勉強になるのは、ピラミッドの頂点にある「潜在ニーズ」を手に入れるための、底辺の「3つの情報」です。

「3つの情報」とは、以下の情報を指します。

・「行動・使い方」情報
・「不快な状況と気持ち」情報
・「ニーズ（～したい）」情報

この3つがあれば、お客様のことがより詳細にわかり、開発すべき商品がわかる、訴求方法がわかる、ということです。

この3つの情報をどう探るかは、この本のシートを使って、実際にやってみてください。きっとヒットの種が見つかると思います。

重要スキル6 付加価値＆セールス①

付加価値を上げるヒントを見つける

『付加価値のつくりかた』（田尻望／かんき出版）

問題を抱えた人がいて、それを解決する商品・サービスがあっても、存在を知らなければ、ないのと同じ。それを解決するためにセールスがあります。

どうやったら付加価値をつくり、伝えることができるのか。日本トップクラスの生産性と給与を誇るキーエンスのノウハウをまとめたのが、この『**付加価値のつくりかた**』※31です。

『付加価値のつくりかた』は、キーエンス出身のコンサルタントが、付加価値のつくり方を体系化した注目のテキスト。

著者は、大阪大学基礎工学部情報科学科を経て、キーエンスに入社。コンサルティングエンジニアとして、技術支援、重要顧客を担当した人物です。

この本では、キーエンスがやっている付加価値のつくり方、新事業・新商品の創出方法、潜在ニーズのつかみ方、効果的な価値の提案方法を紹介しています。

なかでも、「付加価値の3種類」「法人顧客が感じる6つの価値」は、学んでおいて損はないと思います。

付加価値の3種類

1. 置換価値
2. リスク軽減価値
3. 感動価値

法人顧客が感じる6つの価値

1. 生産性のアップ
2. 財務の改善
3. コストダウン

4. リスクの回避・軽減
5. CSR（企業の社会的責任）の向上
6. 付加価値のアップ

競合他社と差別化し、利益を上げるには、付加価値に関する徹底した考察と、これまでにはない付加価値創出のアプローチ、顧客への提案が不可欠です。

ちなみにキーエンスでは、

・なぜお客様が買うのか？
・本当にその商品・機能は使われるのか？
・使われたら本当に役に立つのか？
・どんな役に立つのか？

について、企画・開発前に徹底的に突き詰めるそうです。これが売れる秘訣ですね。

さらに、高付加価値を追求するために、こんなポイントも重視しているそうです。

キーエンスが圧倒的付加価値をつくれる理由

1. マーケットイン型
2. 高付加価値状態での商品の標準化
3. 世界初・業界初の商品

この本で示されたフレームワークを使えば、この付加価値創出、提案ができること間違いなし。

この本の冒頭でも示されているように、コストがそのままで、価格を20％アップさせることができれば、企業には莫大な利益が転がり込んできます。

ただ、そのためには付加価値について学ぶことが不可欠。

企業のどんな部署にいても、どんな立場でも、きっと付加価値を上げるヒントが見つかる、実践的な一冊です。

重要スキル6 付加価値＆セールス②

悪用厳禁。販売のための強力な心理学

『影響力の武器』（ロバート・チャルディーニ 社会行動研究会・訳／誠信書房）

社会心理学の分野で最も広く知られるバイブルが、このロバート・チャルディーニの**『影響力の武器』**※32です。

この本では、「人間の心の引き金」を引く、承諾誘導のテクニックと、その裏にひそむ心理学原理が、実験事例とともに紹介されています。

学者が書いたものとはいえ、セールスマンや募金勧誘者など、さまざまな「承諾誘導」のプロたちのテクニックが盛り込まれており、内容は極めて有用です。

この本の中心となる内容は、「返報性」「一貫性」「社会的証明」「好意」「権威」「希少性」の6つからなる、心理学原理です。一つずつ、見ていきましょう。

法則その1　返報性

「返報性」とは、「他人がこちらに何らかの恩恵を施したら、似たような形でそのお返しをしなくてはならない」という原理のことです。この本では、心理学者デニス・リーガンによって行われた研究を題材に話が進められます。

この実験では、コーラを買ってもらった被験者と、何もしてもらわなかった被験者とを比べ、どちらがチケットを買ってくれるかを調べたのですが、なんとコーラを買ってもらった被験者の方が、2倍もチケットを買いました。

この返報性の原理は強力で、実験の結果、借りができた被験者は、そのほとんどが、

1. 相手を好きか嫌いかは関係なく、
2. 最初に与えてくれた相手のペースに従って、

要求をのんでくれたのです。

返報性の原理を生じさせる要因は、与えることだけではありません。じつは、譲歩

することでも、返報性の原理を利用することができます。

つまり、「自分に対して譲歩してくれた相手に対しては、こちらも譲歩する義務がある」のです。実験の結果、まず最初に大きな要求をして、その後、小さな要求をした場合、驚くほど相手が受け入れてくれることがわかっています。これを専門用語で「ドア・イン・ザ・フェイス・テクニック」と言います。

法則その2　一貫性

「一貫性」とは、私たちがひとたび決定を下したり、ある立場を取ると、そのコミットメントと一貫した行動を取るように、個人的にも対人的にも圧力がかかることを言います。

この原則が成り立つのはおそらく、社会において、「一貫していないということは通常望ましくない性格特性である」と考えられているためです。

この原理の問題点は、しばしば一貫性を保つことが自分の利益になるので、そうすることが賢明でない状況においてでさえ、一貫性を保ってしまうことです。

この本では、この一貫性の原理と、小さな要請から始めて、関連する大きな要請を最終的に承諾させる技術、「フット・イン・ザ・ドア・テクニック」を活用して顧客を誘導するセールスパーソンの例を挙げています。

また、最初に良い条件を提示しておいてコミットさせ、後から条件を変更するため、不利な選択でも人を満足させることができる、「ローボール・テクニック」についても説明しています。

法則その3　社会的証明

この「社会的証明」とは、「他者がどうしているかによって自分の行動が適切なものかどうかを判断する傾向」のことを言います。

セールス・コンサルタントのキャベット・ロバートによると、「自分で何を買うかを決められる人は全体のわずか5%、残りの95%は他人のやり方を真似する人たち」です。つまりほとんどの人が社会的証明の原理に従って行動しているのです。

この原理は、「自分と似ている人の行動を見ているときに最も強く作用」するようで、アマゾンの「この本を買った人はこんな本も買っています」という表示は、この心理特性を活用したものです。伝統的な商売上の手段である「サクラ」も同様です。

法則その4　好意

この原理は極めてシンプルです。要するに、私たちは、自分が好意を持っている知人から何か頼まれると、ほとんどの場合イエスと言ってしまうのです。

ちなみに、人が人に対して好意を抱くのには、いくつかポイントがあります。それは、「外見の魅力」「類似性」「お世辞」「接触と協同」ということです。この辺のポイントをうまく活用したのが、ギネスブックにも載っている伝説のセールスマン、ジョー・ジラードでした。

彼は自分のお得意さん、なんと1万3000人以上に向けて、毎月、メッセージを印刷した挨拶状を送っていました。しかもここには「あなたが好きです」とだけ書いていたのだと言います。人間は、自分に好意を抱いている人間やお世辞には、めっぽう弱いものなのです。

また、人間は、自分のために値引を求めて上司と戦ってくれるセールスマンや、怖い刑事を制して優しい言葉をかけてくれる刑事などにも、簡単に説得されます。

もう一つ付け加えておくことがあります。それは、「連合」の原理です。私たちは、人を判断するとき、その人の友人を見て判断することがあります。また、自動車の良し悪しを判断するとき、横に立っている美女に影響を受けてしまいます。つまり「結びつけられることが、人々が私たちに対しどのような感情を抱くかに影響を与える」のです。これが、出演料が高額なのにもかかわらず、いまだにテレビCMにタレントやスポーツ選手が起用されている理由です。

法則その5　権威

これは、「人は権威者の命令にはとにかく従おうとする」という原理です。ミルグラムの実験では、人間は、権威者に命令された場合、何の罪もない他者に対して、相当な程度まで苦痛を与えることができる、ということがわかっています。

この盲目的な行動パターンは、部下の思考停止を招き、十分な知識を持っているはずの看護師も、医師に命令されれば、間違った処方を受け入れることがわかっています。

また逆に、「権威のない肩書きを持った人の考えに機械的に反対してしまう」というのも実験の結果からわかっています。

有名大学の研究者が書いた論文を無名の研究者の名前で学術雑誌に投稿したところ、9編のうち8編は棄却されてしまったのです。

この9編はすべて、かつて出版された実績のある論文でした。

実務家にとって、もう一つ有用な情報は、人間がこの「権威」と「大きさ」を関連付けていることです。

同じ身長の男性を、あるクラスでは学生、別のクラスでは講師、助教授、教授として紹介すると、「地位が上がるごとに同じ人物の身長が平均1・5㎝ずつ高く知覚される」ことが明らかになったのです。つまり、逆に言えば、大きさを変えることで、相手に影響力を与えることもできるのです。

法則その6　希少性

これは、商売上でかなり頻繁に使われている原理です。もう説明は不要でしょうが、人は、「自由な選択が制限されたり脅かされたりすると、自由を回復しようとする欲求によって、その自由（及びそれに結びつく物やサービス）を以前よりずっと欲するように」なるのです。

この希少性の原理は、「それを求めて競争しているとき」にさらに促進されます。広告クリエイターは、この傾向を利用して、需要の大きさを強調し、「急いで買わせよう」とするのです。株価が急騰するのも、コロナ禍でマスクの売り切れが続出したのも、この法則によるものです。

このように、『影響力の武器』には、あらゆる社会問題や人間関係、そして商売上のヒントが詰まっています。強力なセールスの武器になりますが、使い方にはくれぐれも注意してください。

重要スキル6

付加価値＆セールス③
売れる人は何が違うのか？

『私はどうして販売外交に成功したか』
（フランク・ベトガー　土屋健・訳、猪谷千春・解説／ダイヤモンド社）

「人は自分を重要なものと思いたがっている」というデール・カーネギーの原則をセールスに応用し、最も成功した人物は、おそらくこのフランク・ベトガーでしょう。なぜなら、彼はセールスマンとして成功した上、セールスという仕事の意義を感じたい読者を魅了することで、自身の著書を不朽《ふきゅう》のものとしたからです。

この**『私はどうして販売外交に成功したか』**※33は、あのデール・カーネギーをして、「本書を一冊手にするためには、シカゴからニューヨークまでても、喜んで歩いてゆく」と言わしめた名著です。

営業本のなかでも、最も長く売れている本の一つではないでしょうか。

この『私はどうして販売外交に成功したか』は、不幸にも試合中に腕を折り、選手生命を絶たれた大リーガーが、やがてトップセールスマンになるまでの半生を記録したもので、なんと発刊は１９６４年。年配のセールスパーソンなら、おそらく誰もがご存じのはずです。

原著はデール・カーネギーの存命中に書かれており、前書きをそのカーネギーが担当しています。彼はいみじくもここで、「本書は保険の外交員だけでなく、すべてのセールスマンに益するところはなはだ大で、フランク・ベトガーの死後も末長く不滅の貢献をなすであろう」と述べていますが、その言葉は、彼らの死後、確かに実現したと言えるでしょう。

内容も、決して読者の期待を裏切りません。小手先の営業技術について書かれた本が多いなか、この本で述べられているのは、営業マンとして最も大切な心構えや考え方。さすがにカーネギーの教えを受けた著者だけあって、人間である顧客の心をいかにして導くか、といった点がよく書かれています。

一度は相手が採用した、あるいは採用を検討しているライバルを決して悪く言わないことや、相手の意見に反論せず質問によって承認を得ること、相手の名前を覚えること、相手が買ったものの価値を再度認めてあげることなど、そのノウハウのベースには、人を動かすための心理原則が存在しています。

もちろん、実践的なアドバイスも見逃せません。いくつか教訓を挙げてみましょう。

「できるだけ大勢の人に面会する」

多くのセールスマンは、訪問回数を増やすことよりも、つい成約の確度を高める方に意識がいきがちですが、おそらくそれは、「断られたくない」という恐怖心によるものでしょう。販売における一番の基本は、「できるだけ大勢の人に面会する」ことであり、確率の問題はその後の話。著者は、この原則を実践するために恐怖心を克服し、見事に実績を出します。

「自分の行動を記録する」

記録をとることの最初の意義は、モチベーションの向上です。また、記録をとることで、自分の行動を客観的に分析し、意外な事実を発見することができます。

記録に示すところによると、私の契約高のうち七〇パーセントまでは、たった一回の面談によって得たもので、二三パーセントは二回の面談であり、七パーセントは三回以上面談して得た契約である。しかしここで注意しなければならないことは、私の時間の五〇パーセントまでは、契約高の七パーセントに相当する取引を得るために費やされていた

著者は、この後効率の悪い3回目の面談を捨て、1回と2回の面談だけで契約のとれる取引に集中し、収入を2倍近くに引き上げるのです。

「スケジュールをしっかり立てる」

著者が言うように、成功者の大部分は、自分の時間に対して非常に厳格な態度をとっています。著者自身も、「わずか四、五〇人の見込客のカードを作るにしても、いろいろな記録をさかのぼって調べ、先方の事情をよく研究してから、一人一人に話すべき事柄について具体的なプランを立て、こちらから提案すべき問題の内容を準備し

たうえで、月曜日から金曜日までの訪問の順序をうまく調整して、完全なスケジュールを作るためには、相当な努力を要した」と言っています。

「質問を発すること」

これは、著者が当時の一流セールスマン、エリオット・ホールから聞いた話です。

相手の反対に対しては、絶対に反抗する様子を見せてはなりません。あくまで相手の意見を尊重しながら、しかも相手がこちらの立場を承認しなければならなくなるような質問をさりげなく相手につぎつぎと投げかけるべきです

著者が後で書いているように、これはソクラテスの問答法であり、著者はこの手段を使って反対意見を持っている相手さえも次々と説得することに成功したのです。

こうした心構えやノウハウに加え、この本の魅力を高めているのは、そのエピソードの豊富さです。失敗談を含め、ドラマチックなエピソードには枚挙にいとまがなく、特にベトガーの「アフター・ケアのすすめ」を実践した宝石商の話は、感動のあまり、

思わず涙してしまいそうなほどです。

宝石商がブローチを買った婦人に、ブローチの素晴らしさと自身の思い入れを語り、彼女が間違いのない買い物をしたと語ったとき、婦人は泣き出しました。彼女も高額な買い物をしたことに、本当は不安を感じていたのです。

その後、彼女は友人を連れて再び来店し、その友人はいくつかの買い物をして帰ったそうです。

どんな買い手も、本当は自分の決断に不安を覚えている。だからアフター・ケアが重要なんだという話は、営業する際には、心しておくべきことかもしれません。

すべてのセールスパーソンに、そして仕事人に、自信を持っておすすめしたい一冊です。

重要スキル7

会計・ファイナンス①
数字が読めないと意思決定ができない

『財務3表一体理解法』（國貞克則／朝日新聞出版）

ビジネスで成功したいと思うなら、会計・ファイナンスの知識は必須。自分が経営者になって、経理やファイナンスを人に任せるにしても、決算書が読め、数字が示す意味がわからないと、大事な意思決定はできません。

筆者はド文系人間なので、最初は数字が読めなくて苦労しましたが、『財務諸表分析』（桜井久勝／中央経済社）を大学4年生のときに読み、その意義がわかりました（初学者にはすすめませんが、この本は、今でも改訂を続けるロングセラーです）。

初学者だと、会計とファイナンスってどう違うの？ という疑問も出てくると思いますが、本書では、著者たちの力を借りて、この疑問にも答えていきたいと思います。

まずは、基本である財務3表を理解するための基本書から。

財務3表というのは、損益計算書（PL: Profit & Loss Statement）、貸借対照表（BS: Balance Sheet）、キャッシュフロー計算書（CS: Cash Flow Statement）のことですが、この**『財務3表一体理解法』**※34は、この3つの「つながり」を丁寧に解説した画期的な入門書です。

著者は、クレアモント大ピーター・ドラッカー経営大学院でMBAを取得後、独立した経営コンサルタントです。

損益計算書、貸借対照表、キャッシュフロー計算書の財務3表が、具体的な事業活動を通じてどう変化するのか、じつにわかりやすく説いており、これ一冊で3表の基本を押さえることができます。

資本金が入ってきた場合、ホームページを外注した場合、商品ができた場合、初めての売上が立った場合など、さまざまなケースごとに、どの書類にどんな数字が計上されるのか、具体的にイメージできるのが特長です。

「お金を集める」（貸借対照表の右側）→「投資する」（貸借対照表の左側）→「利益

を上げる」(損益計算書)という流れが見えたら、小難しいと思っていた決算書が、急にわかりやすく見えてくるのではないでしょうか。

ちなみに、同じ流れをキャッシュフロー計算書で表すと、「お金を集める」(財務キャッシュフロー)→「投資する」(投資キャッシュフロー)→「利益を上げる」(営業キャッシュフロー)となります。わかりやすいですよね。

また、損益計算書の「当期純利益」と貸借対照表の「利益剰余金」がつながっていることや、貸借対照表の「現金及び預金」とキャッシュフロー計算書の「現金の残高」が一致することなど、財務3表のつながりが見えてくると、経営のお金の流れがよく見えるようになります。

ほかにも、損益計算書を下から見るとコスト感覚が磨かれるという話や、貸借対照表は上から下へ「流動化(現金化)」しやすい順に並んでいるという話など、経営者目線で会計を読むための説明の工夫がなされています。

決算書をつくる経理、それを見て投資する投資家の目線からも、財務3表を読む際のポイントが丁寧に説かれており、とりあえず入門編はこれ一冊あればOKだと思います。

重要スキル7　会計・ファイナンス②

投資家・経営者目線で財務3表を分析する方法

『財務3表一体分析法』（國貞克則／朝日新聞出版）

次に、同じ著者による、財務分析の本を見てみましょう。

多くのビジネスパーソンは「売上」と「利益」に注目して会社の数字を見るわけですが、本当にデキるビジネスマンになるためには、「投資」と「リターン」に着目する必要があります。

この『**財務3表一体分析法**』※35では、すべての会社に共通する、「お金を集める」→「何かに投資する」→「利益をあげる」という3つの活動に着目し、これらの動きを財務諸表から読み解く方法をわかりやすく指南しています。

財務分析で読み取りたい5つのポイント

1．どのようにお金を集めてきているか
2．それを何に投資しているか
3．その投資した資産を、いかに効率良く活用して売上高を作っているか
4．その売上高をどのように利益に変えているか
5．以上の事業全体のプロセスの中で現金がどのように動いているか

日本を代表する企業であるトヨタやシャープ、日立製作所、ＮＴＴドコモなどの企業を、他社比較、業界平均との比較、期間比較で分析しており、じつに実践的かつ興味深い内容です。

ＲＯＥ、レバレッジ比率、総資本回転率、当期純利益率などの指標を軸に、マツダVS三菱自動車、日産VSホンダ、パナソニックVS三洋電機、吉野家VSすき家、ソフトバンクVSＮＴＴドコモ、三菱商事VS三井物産、みずほＦＧVS三井住友ＦＧなど、刺激的な比較にたっぷり紙数を割《さ》いています。

じっくり取り組めば、間違いなく財務分析の基本が身につくでしょう。

重要スキル7

会計・ファイナンス③
ファイナンスの基本がざっくりわかるベストセラー

『超ざっくり分かるファイナンス』（石野雄一／光文社）

「会計とファイナンスは何が違うの？」というのは、よくある質問ですが、この『**超ざっくり分かるファイナンス**』※36の著者は、それにこう答えています。

会計は「利益」を扱い、ファイナンスは「キャッシュ（現金）」を扱う

ファイナンスは「未来」の数字、すなわち企業が将来生み出すキャッシュフローを扱います

この本は、ビジネスパーソンが、「良い経営」とは何かを理解するための、手段・思想としてのファイナンスの本です。

著者は、銀行、ＭＢＡを経て、日産自動車の財務部にてキャッシュマネジメント、リスクマネジメントを担当していた人物で、実務家目線のファイナンス解説で定評のある方です。

この本では、ファイナンスの初学者向けに、会計とファイナンスの違いや、ファイナンスをどう経営や投資の意思決定に役立てるか、基本となる理論や指標が書かれています。

超入門から入っているのに、会計、ファイナンス、投資、経営の勘所《かんどころ》がばっちり押さえられているだけでなく、良い経営とは何かといった深いところまで考えさせられる、良い本です。

読んでみると、「日本の経営者やビジネスパーソンはまだまだ会計思考だから未来がつくり出せていないんだな」ということがよくわかると思います。

多少数式が出てきますが、この１８０ページの薄い本を読むだけでファイナンスの大事なところがばっちり理解できると思えば、少し頑張る価値はあると思います（中学校の算数程度です）。

また、しつこいくらい丁寧なつくりになっていて、演習などでばっちりわかるまで鍛えられるのが、この本のいいところですね（ビジネスにはこういう先生が必要だと思います）。

せっかくなので、数字を見るときの勘所をいくつかチェックしてみましょう。

「営業活動によるキャッシュフロー」と「投資活動によるキャッシュフロー」とを足してマイナス表示になるようなら、それはすなわち資金を調達する必要があるということ

フリーキャッシュフローが2期連続マイナスになるのは危険

運転資本が増えると、フリーキャッシュフローが減少する。これは、事業価値の減少につながります

興味深いのは、経営におけるＷＡＣＣ（加重平均資本コスト）の重要性を指摘している点で、経営者は、金融機関から借りている負債コスト（金利）ばかり意識して、株主から調達している資金のコスト（株主資本コスト）を意識していない、という点です。

投資家が期待しているリターンがわからないのだから、低収益になるのは、当然なのかもしれません。

では経営者はどうしたらいいか。この本では、事業価値を高める方法として、フリーキャッシュフローを極大化して、ＷＡＣＣ（資本コスト）をできるだけ下げることを提唱しています。

ファイナンスの目で見ると、良い経営の意味がまた違って見えてきますね。

キャッシュフローと未来志向。これからのビジネスパーソンが身につけておきたい視点です。

Column

コラム2
税理士・会計士が書いた会計本は買うな？

世の中には、数多くの会計本がありますが、なぜかどれもわかりにくい。わかりやすくて売れている本は、決まって経営コンサルタントや経営者など、専門外の人間が書いた本です。

稲盛和夫氏が書き、名著として知られる『実学』（日本経済新聞出版）や、本書でも紹介した『財務3表一体理解法』（朝日新聞出版）、経営コンサルタントが公認会計士にヒアリングして書いた『会計天国』（青木寿幸、竹内謙礼／PHP研究所）、同じく経営コンサルタントが書いた『「1秒！」で財務諸表を読む方法』（小宮一慶／東洋経済新報社）、完全に畑が違いますが、『人事屋が書いた経理の本』（協和発酵工業／ソーテック社）……。

知識があることよりも、読者のニーズがどれだけわかっているか、が売れるポイントだということがよくわかりますね。

公認会計士でも、キャリアが浅いうちはまだ専門家に染まりきっていないからでしょうか、ベストセラーを出すことがあります。

『決算書がおもしろいほどわかる本』（石島洋一／PHP研究所）は、個人的には損益計算書が一番よく理解できる本だと思いますが、著者の石島氏はデビュー当時、試算表の読み方がわからなかったようで、ある経営者に「先生、うちの経営、どうですか？」と聞かれて、「社長、頑張ってますね！」と言って難を逃れたそうです（現在はベテランの方です）。

「わからない人のことがわかる」。これがベストセラーの秘訣なのかもしれません。

重要スキル8 マーケティング①

マーケティングを武器にするための理論

📖📖『確率思考の戦略論』（森岡毅、今西聖貴／角川書店）

📖『ゲームの変革者』（A・G・ラフリー、ラム・チャラン　斎藤聖美・訳／日本経済新聞出版）

📖『ヒットをつくる「調べ方」の教科書』（阿佐見綾香／PHP研究所）

P&G世界本社の北米パンテーンブランドマネージャー、USJのCMO（Chief Marketing Officer）を経て、世界初のマーケティングノウハウのライセンシングカンパニー「刀」を立ち上げた、森岡毅《つよし》さんによるマーケティング本が『**確率思考の戦略論**』※37です。

マーケティングの責任者として、USJの集客数を600万人以上増やした実績の理論的裏づけを示した、興味深い一冊です。

著者がここで強調するのは、マーケティングにおける「プレファレンスの重要性」。プレファレンスとは、消費者のブランドに対する相対的な好意度のことで、主にブランド・エクイティー（ブランドの資産価値）、価格、製品パフォーマンスの3つによって決定されています。

このプレファレンスは、あの世界一の投資家、ウォーレン・バフェットも重視していたポイントとして知られています。

この本によると、マーケティングにおいて企業が奪い合っているのは、この消費者のプレファレンスに他ならず、だからこそ企業は経営資源をこのプレファレンスに投入すべきなのです。

よく、経営者は「シェアを上げろ」と言いますが、このプレファレンスを上げれば、自ずとシェアは上がるというのが、著者が主張するところです。

シェアはあくまで「結果」ですが、プレファレンスは、攻略すべき「要因」です。であれば、この消費者のプレファレンスを突き止めるのが、マーケティングにおいては重要だということになります。

著者はここで、「戦略の焦点は3つしかない」と言い、以下の3つを挙げています。要するに、この3つに経営資源を投じれば、結果が出るということです。

1. 自社ブランドへのプレファレンスを高める
2. 認知を高める
3. 配荷を高める

例としてこの本では、USJで著者がこの3つの伸び代をどうやって探したのか、なぜ「ウィザーディング・ワールド・オブ・ハリー・ポッター」をオープンしたのかを説明しています。

ポイントとなったのは、既にUSJのファンになっているお客様への垂直方向のプレファレンス拡大ではなく、USJをよく知らないお客様への水平方向のプレファレンスの拡大です。ハリー・ポッターの場合は、これを広告とデジタル・マーケティング、PRでやったわけですが、実際にどんなことをやったのか、自社をどう見せることでマスコミの興味を引いたのかが書かれています。

具体的に言うと、マスコミが取材したい企業は、「大企業」か「成長企業」です。ＵＳＪはここであえて「成長企業」に自分たちを位置づけ、サプライズを連発しました。その一つが、日本の総理大臣とキャロライン・ケネディ駐日米国大使（当時）によるグランドオープン日発表です。

理論はもちろんですが、それを実践に落とし込むアイデアもすごい。マーケティングを武器としたい方は、ぜひ読んでいただきたい一冊です。

サブタイトルに「ＵＳＪでも実証された数学マーケティングの力」とあるように、実際には数式に基づいて戦略を立てているのですが、さすがはカリスママーケター。読者のプレファレンスを考慮して、数学の知識なしでも読めるように工夫しています。

なお、この本の共著者は、Ｐ＆Ｇ世界本社で市場分析・売上予測を担当していたという今西聖貴《せいき》氏。それゆえ、数学が得意な人は、巻末解説で、プレファレンスの数学的説明や、市場理解と予測に役立つ数学ツールについて読むことができます。

数式はいいや、という方は、この本で示されている、「売上を規定する7つの基本的要素」だけでも押さえておけば、マーケティングにおける打ち手が見えてくるのではないでしょうか。

売上を規定する7つの基本的要素

1. 認知率
2. 配荷率
3. 過去購入率（延べトライアル率）
4. エポークト・セットに入る率（エポークト・セットとは、消費者の頭の中にある、今までの購入経験から買って良いと思ういくつかの候補ブランド）
5. 一年間に購入する率
6. 年間購入回数
7. 平均購入金額

また、この本が出版された後のビジネストレンドを予言しているようで面白いのですが、プレミアム・プライシングについて、こんなコメントをしています。

「プレミアム・プライシングは正しい」。それは、私が尊敬しているP&G世界本社の元CEO(かつては日本法人の社長でもあった)ダーク・ヤーガーが残してくれた教えでもあります。その一番の根拠は、消費者を継続的に喜ばすために必要な原資を獲得するためには、プレミアム・プライシングでないと難しいということです

デキるマーケターがビジネスをどうやって見ているのか、その理論的枠組みが見えてくる、興味深い一冊です。ぜひ読んでみてください。

『**ゲームの変革者**』※38は、マーケター輩出企業として名高い、P&Gの中興の祖、A・G・ラフリーと、ベストセラー『経営は「実行」』(日本経済新聞出版)の著者、ラム・チャランが、イノベーションについてまとめた一冊です。

アリエール、ファブリーズ、SK-II、プリングルズ……。

数多くのヒット商品を生み出し、世界市場を席巻してきたP&Gのイノベーション

の秘密が一冊にまとめられた、貴重な内容です。

先に紹介した『確率思考の戦略論』で、プレファレンスという言葉が出てきましたが、この本でもこのプレファレンスについて触れた部分があります。

自転車部品メーカー、シマノと世界的デザイン会社ＩＤＥＯが共同でイノベーションに挑戦したときの話です。


隠れたニーズをみつけるために、シマノとＩＤＥＯは「消費者は神様」という発想を逆手にとって、自転車に乗らない一億六一〇〇万のアメリカ人に話を聞いた。その結果、おもしろいことがわかった。多くの人は子供時代に乗った自転車をばら色の思い出として記憶しているのに、自転車に乗らなくなってしまっている。複雑すぎる、高価すぎる、自転車屋に行ってスパンデックス素材のウェアを着たひょろひょろの店員に次々と専門用語を並べられたら気後れしてしまう、というわけだ

これによって生まれたのが、電子制御式自動変速機が装備されたらくらく自転車

「コースティング」。専門誌で「バリバリやろうという人、急いでいる人、トライアスロンをやる人」には向かないと評されながら、シェアを拡大した商品です。

結局、シマノと自転車メーカー（トレック、ジャイアント、ラレー）、自転車販売店の3者がバリューチェーンで結びつき、停滞していた市場を成長市場に変えた、という話です。

この本には、このように、P＆G以外の事例についても分析が加えられており、イノベーションのケーススタディとしてとても有用です。

そして何より興味深いのは、P＆Gが何を指標に、何を考えてマーケティングを行っているか、その目線が理解できることです。

P＆Gの目標は、「二つの〝真実の瞬間〟」において消費者に喜んでもらうことだ。一回目は製品を購入するとき、二回目は製品を使うとき

偉大なイノベーションは、未対応のニーズやウォンツを理解するところから生まれる

P&Gはイノベーションを破壊的イノベーションと持続的イノベーションの二通りでみる

イノベーションに失敗するのは、新しいアイデアを探す能力に欠けるというよりも、適切な人とつながりをもてず、適切な対話ができないせいだ

人口構造の変化が実りあるイノベーションの機会になる（ピーター・ドラッカー）

そして何より感銘を受けるのは、その消費者理解の深さです。グローバル市場の消費者について、著者が語った部分をピックアップしてみましょう。

低所得者層の女性は、洗濯を本当に真剣に考えている。新しい服を頻繁に買う余裕はないけれど、家族の身だしなみを整えることに並々ならぬプライドを感じているのだ

多くのインド人は、乾燥して埃《ほこり》が舞い、まぶしい陽の下で画面を見て、高温多湿で手が汗ばんで滑りやすい状態で使う（中略）このような条件をじっくりと観察したおかげで、望ましい機能が定まった。しっかりとつかめる、防塵機能つき、懐中電灯つき、偏光スクリーンつき

日本女性は、まつげが短くまっすぐなため、マスカラを使っていなかった。したがって、マスカラの需要はなかった。もしロレアルが市場の言うことをそのまま受け入れていたら、肩をすくめて、もっと売れそうな商品に目を移していただろう。だがロレアルは、まつげを長く見せカールさせるような特別なマスカラの開発に行き着いた。それがヒットした

トップ自ら、消費者の問題解決を真剣に考え、丁寧な観察を行う。なぜP＆Gから優秀なマーケターが生まれるのか、その秘密がわかる一冊です。

ぜひ読んでみてください。

次に電通の現役マーケター（肩書は戦略プランナー）が、電通で教えているマーケティングの基本技をまとめた本が、『**ヒットをつくる「調べ方」の教科書**』※39です。

著者は、電通でマーケティングの新人教育を担当している人物で、この本には読者特典として、マーケティング実務で使えるテンプレートが40種類付いています。

テーマは「調べ方」となっていますが、その理由は、売れない商品は「ターゲット」「セールスポイント」がズレているから。リサーチによって、そのズレを解消しようというわけですね。

この本では、プロがやっているリサーチ手法が、情報源、業者も含めてまとめられています。

事例は、著者が電通ギャルラボ出身なので、女性向け商品が多い印象です。

益若つばささんプロデュースのブランド「DOLLY WINK」の事例が紹介されており、特に美容やコスメなどの商売をする人には、ど真ん中の内容だと思います（ほかに、ナイキや湖池屋、スノーピークなどの例も紹介されています）。

新鮮だったのは、「特定のニーズ（ハンディキャップなど）を追求した結果、みんなに便利で売れる」インクルーシブ・マーケティングの事例が紹介されていること。

紹介されているのは、難聴者向けに音を「振動と光」で楽しめるようにしたスタイリッシュなヘアピン「Ontenna」と手を使わずに着脱できるナイキのスニーカー「Nike GO FlyEase」。

これからの多様性の時代のマーケティングの基本として、押さえておきたいところですね。

著者は、ヒット商品をつくるヒントとして、こんなことを述べています。

常識を壊し、今あるジャンルの捉え方を変えて、「提案性のあるプロダクト」をつくったときに、売れる商品が生まれます

ぜひ、本書を読んで歴史に残るヒット商品をつくってみてください。

重要スキル8

マーケティング②

消費者の「頭の中」を支配せよ

『ポジショニング戦略〔新版〕』
（アル・ライズ、ジャック・トラウト 川上純子・訳／海と月社）

世界的マーケティング戦略家のアル・ライズと、ジャック・トラウトによる古典名著が『ポジショニング戦略〔新版〕』※40です。

長きにわたり繁栄を続けるためのマーケティングの秘策「ポジショニング」の手法がまとめられています。

消費者の頭の中にある認識を利用する方法は、現在も有効であり、その実効性は、「安全性」でポジションを築いたボルボ、「高級アイスクリーム」でポジションを築いたハーゲンダッツのように、ポジショニングに成功した企業や商品が今も売れ続けていることからわかると思います。

事例が豊富で、あえて自社をナンバーツーと定義することにより成功したレンタカーのエイビス、「シンク・スモール」というたった二語のコピーで大ブレイクしたフォルクスワーゲンの「ビートル」、ライン拡大を逆方向で行うことで成功した「ジョンソン・ベビーシャンプー」など、ポジショニングの具体的なやり方を学べる好例がいくつも並んでいます。

歴史に残るマーケティングとなった、フォルクスワーゲンの「ビートル」について著者のコメントを見てみましょう。

ビートルは、そのサイズが「穴」だった。フォルクスワーゲン史上最も効果を上げた広告は、ビートルのポジションを前面に押し出した。

「シンク・スモール」

たった二語の、このシンプルなコピーで、フォルクスワーゲンのポジションを明確にし、「大きいほうがいい」という人々の常識をくつがえしたのだ理論・概念にとどまらず、豊富な事例で教えてくれる。さすが動きの激しいマーケティング業界で、いまだに読まれているだけのことはあります。

消費者の頭の中に入りこむ簡単な方法は、一番乗りすることだ

ぜひあなたも、この本を読んで一番乗りを目指しましょう。

重要スキル8 マーケティング③

「現代広告の父」が手掛けた奇想天外な広告の数々

『デイヴィッド・オグルヴィ　広告を変えた男』
（ケネス・ローマン　山内あゆ子・訳／海と月社）

ユニークなキャリアを経て、広告業界に革命を起こし、「現代広告の父」と呼ばれた、デイヴィッド・オグルヴィの評伝が、**『デイヴィッド・オグルヴィ 広告を変えた男』**※41。著者は、本人をよく知るオグルヴィ・アンド・メイザー元会長兼ＣＥＯ、ケネス・ローマンです。

オグルヴィの少年時代から、コック見習い、訪問販売員、調査研究所員、スパイ、農夫を経て、広告史に残るキャンペーンを成功させるに至るまで、じつに興味深いエピソードが綴られています。

アカウント・マネジャー時代から26年間、オグルヴィの薫陶《くんとう》を受けた著者が、100を超えるインタビューと、彼が書いた3万もの書類、彼について言及したありとあらゆる本からまとめたという一冊です。

白いシャツを売るのにアイパッチの男を起用して大ブレイクした話、ダヴの「洗っているうちにお肌が潤います」のコピー、「気後れ」という言葉を使って話題となったベントレーの広告など、広告史に残るビッグアイデアが紹介されており、単なる評伝を超えたマーケティング書です。

オグルヴィは、ハリー・ポッターのホグワーツ魔法魔術学校のモデルになったと言われるフェテス校を出ていたり、「007」のモデルと言われるサー・ウィリアム・スティーブンソンやマッキンゼーのマービン・バウワーと交流があったり、生き方も注目で、最後まで飽きさせることがありません。

名言家で有名だったオグルヴィのマーケティング名言もバッチリ収められていますので、ぜひそちらも併せて読んでいただきたいところです。

オグルヴィの名言に関する部分は、以下の通りです。

自分さえ宣伝できないようじゃ、他のものを宣伝できるはずがないだろう？

あるクライアントに、二つのCMのうちのどっちを最初に見せるかを話し合っていたとき、オグルヴィはクリエイティブチームにこんな話をした。

「子どものころ、プディングに乗っかってるさくらんぼをいつも最後までとっておいたんだ。でもある日、姉に取られてしまった。そのときから、さくらんぼは最初に食べることにしたのさ。いいほうのCMを先に見せよう」

素人は広告を面白おかしく見せたがるが、プロの広告人は断固としてそういうことはすべきでない。軽薄な基盤の上に永続的な成功が築かれることはめったにない。人はピエロからモノを買ったりはしない

コピーライターとして知られるオグルヴィの仕事を知りたい人は、以下のベントレーのコピー文を読めば、彼のすごさがわかると思います。

ラジエーターを除けば、同じエンジニアが設計し、同じ工程でつくられる、まったく同じ車だ。ロールスロイスに乗るには気後れするという向きには、ベントレーがある

オグルヴィについて、さらに知りたいという読者には、『ある広告人の告白』（海と月社）をおすすめしておきます。数多くの広告人に衝撃を与えた、デイヴィッド・オグルヴィ本人によるミリオンセラーです。

ピーナツしか撒かないようなところへ寄って来るのは、せいぜいサルくらいのものだ

犬を飼っているのに自分で吠える奴がいるか？

バントをするな。場外ホームランを狙え

消費者はバカではない。消費者はあなたの奥さんなのだ。彼女の知性をあなどってはいけない

などといったオグルヴィの名言はすべてこの本から出たものであり、その後、広告人たちの心構えとして、これらの名言はすっかり定着しました。

いちクリエイターとしての心構えはもちろん、どのような組織をつくるべきか、クライアントとはどのような態度で接するべきか、そして売れる広告をつくるためにはどうすればいいのか……。「現代広告の父」と呼ばれたオグルヴィのエッセンスが、惜しげもなく披露されています。

この本の白眉は、「効果的なヘッドラインの書き方」としてまとめられた部分で、ここには「魔法のように効く言葉」がまとめられています。

「〜になる方法」「突然」「今」「発表」「紹介」「これこそ」「とれたて」「大きな進歩」「向上」「驚くべき」「センセーショナル」など、使い古された言葉のようで、今も効

く言葉が並べられています。

当時のオグルヴィの影響力のすごさもあって、この本の発行部数は100万部を突破するのですが、オグルヴィ自身は売れないと思っていたらしく、この本の版権をすべて息子の21歳の誕生日にプレゼントしてしまいます（『デイヴィッド・オグルヴィ広告を変えた男』より）。

約2億円のプレゼントです。「現代広告の父」はプレゼントもスケールが違いますね。

重要スキル9 英語

英語を習得するとビジネスセンスが磨かれる

📖『今度こそすらすら読めるようになる「ニュース英語」の読み方』（三輪裕範／ディスカヴァー・トゥエンティワン）
📖『会話もメールも英語は3語で伝わります』（中山裕木子／ダイヤモンド社）
📖『MBAより簡単で英語より大切な決算を読む習慣』（シバタナオキ／日経BP）

不安定な世界情勢に加え、中国経済、米国株、為替、政治動向などなど……。日本のメディア情報に不足を感じ、英字新聞を読もうと思っている方は多いのではないでしょうか。

英語を学べば、世界中のマーケット情報が入ってくるのはもちろん、新商品開発・

サービス開発のヒントも得られます。

『今度こそすらすら読めるようになる「ニュース英語」の読み方』※42は、ニュース英語がすらすら読めるようになる、英語のリーディング本です。タイトルの「今度こそ」というフレーズが刺さりますね。

著者は、40年以上、総合商社で国際政治経済の専門家として活躍してきた人物です。著者によると、ニュース英語には、以下の6つの特徴があり、それがわかれば決して攻略は難しくないようです。

1. **ニュース英語は情報追加型**
2. **無生物主語を偏愛する**
3. **言い換え表現が大好き**
4. **生きた表現の宝庫である引用文が多い**
5. **感情表現が豊かである**
6. **比喩表現が頻出する**

筆者は、大学入試で、ニュース英語を読ませる大学を受験しましたが、受験前にこの本を読んでいたら、もっとラクに長文が攻略できたと思います。

ちょっと癖のあるニュース英語の特徴を知り、頻出ボキャブラリーも押さえて、ニュース英語を攻略できる一冊です。

「フィナンシャル・タイムズ」、「ウォール・ストリート・ジャーナル」、「ニューヨーク・タイムズ」などを読みこなしたいと思っている人にとっては、必読の書ではないでしょうか。

ニュース英語の読みにくさは、周知の事実ですが、この本では、その理由をいくつかに分けて説明しています。順番に説明しましょう。

ニュース英語の特徴として、最初に挙げておかなければならないのは、その英文の構造が、後の文章を読んでいけばいくほど新しい情報が追加されていく形になっているということ

つまり、前から順番に読んでいくことで、自然に理解できるようになっているので

すが、これを知らないと、学校英語の知識だけを使って路頭に迷うことになるのです。

この本では、この特徴的なニュース英語を読むための関係代名詞の読み解き方も紹介しています。

また、ニュース英語では、無生物主語を使うのも特徴です。無生物主語とは、生命をもたない事物が主語になることで、例文ではFailure（失敗）やlocal pressure（地方の圧力）が紹介されています。

また、同じ単語や語句を何度も繰り返すと、英文が稚拙《ちせつ》な印象を与えるということで、語彙が変わっていくのも特徴だそうです。

さらに、難単語が多いのも特徴ですが、これはもう覚えるしかありません。この本に登場する難単語を次に挙げておきますので、ぜひチェックしてみてください。

hiatus　中断、途切れ、断絶
shake-up　入れ替え、交替
magic bullet　万能薬
approval rating　支持率

closing like a vise (西側諸国の制裁がロシア経済を)万力のように締め上げている
face off　対決する
resurgence　復活、再起、再燃
bigwig　大物
liaison　連絡係
tamp down　押さえつける
pillory　さらし者にする、強く批判する、嘲笑の的《まと》にする

ニュース英語がいまいち読めない、という人におすすめの一冊です。

筆者は昔、ニューヨークに一年間住んでいましたが、現地でネイティブの方と話してみると、受験英語で習ったような構文はほぼ会話で使われないことがよくわかりました。

「It is……」で始まる文、「There is……」で始まる文、そして受け身形などがその最たる見本です。

代わりにネイティブが使っているのは、主語を明確にし、動詞でダイナミックに伝えるシンプルコミュニケーション。

次にご紹介する一冊は、そんな英語表現が学べる一冊です。

この『**会話もメールも英語は3語で伝わります**』※43は、日本で最も売れている英語本の一つで、確かにシンプルで伝わる、実用的な表現がまとめられています。

日本語の発想ゆえについつい使ってしまいがちな複雑な英語表現を排し、ネイティブ発想でネイティブらしい言葉を選ぶ技術を、丁寧に指南しています。

「彼は、プロジェクトのリーダーである」なら、

He is a leader of the project.

ではなくて、

He leads the project.

「価格には消費税が含まれている」なら、
Tax is included in the price.（受動態）
ではなくて、
The price includes tax.（能動態）

「ドアハンドルに触れると、ドアロックが解除されます」なら、
When you touch the door handle, the door will be unlocked.
ではなくて、
Touching the door handle will unlock the door.

一冊読み終える頃には、きっと英語的な発想・表現が身についていることでしょう。
日本の学校の英語教育では、
You don't understand me.「あなたは私をわかっていない」も、

You misunderstand me.「誤解です」も、同じ意味というように教えられますが、違う語や表現を使っている以上、ニュアンスには必ず違いが生じるものです。そしてビジネスを円滑に進める上では、この微妙な違いこそが、大きな違いを生み出すといっていいでしょう。

シンプルながら、現場で使える英語表現が紹介されていて、売れている理由がよくわかる内容です。

ぜひ読んでみてください。

英語本の最後は、ちょっと背伸びして、英語で決算書を読むトレーニング本。

『MBAより簡単で英語より大切な決算を読む習慣』※44は、最年少で楽天の執行役員(当時)となり、2009年よりスタンフォード大学客員研究員、2011年にシリコンバレーで起業した著者による、決算書の読み方です。

といっても、すべてが決算書の読み方というわけではなく、特にITやファイナンスの業界を詳しく読み解くための本です。

「そのビジネスの売り上げの方程式は何か」、「発表データ形式の異なる複数社の業績をどうやって比べるか」、「新規事業の潜在的な収益力をどう見るか」など、マーケティングと会計が混在したトピックが多く、決算書というよりは、ビジネスそのものを読むための本です。

過去ばかり見るタイプの一部の「会計専門家」からは辛い評価を受けているようですが、筆者は、これこそ今後のビジネスパーソンに求められている視点だと感じました。

数字が「結果」だとしたら、ここに書かれているのは各企業がばらまいている「原因」です。

それが将来、どう数字になるのか、なり得るのかまで踏み込んだこの本は、まさに投資家、ビジネスパーソン必読の一冊だと思います。

この本のなかから、英語の決算書の読み方のポイントをいくつかチェックしてみましょう。

大事なのは、決算を読む「量」を増やすこと。そして、時系列で同じ会社の決算書を読み続けることです。ある会社の四半期決算を1時間かけて分析するより、同じ時間で1年分の決算を流し読みする方が、発見が多いのです

ビジネスモデルごとに異なる「方程式」を把握したら、次はその数式を埋めるのに必要な数字がどれなのかを理解しましょう。たとえばサービスの「アクティブユーザー数」が重要な指標になるビジネスならば、時系列でどう変化しているのかを四半期ごとにチェックして覚えてみてください

マーケットプレイス型ECのテイクレート

※テイクレートとは「取扱高が100あった場合の売上」をパーセンテージで示した指標（売上÷取扱高）

・アメリカ：10%弱　・日本：7%〜8・5%程度　・中国：3%程度

アマゾンの決算書（2016年4—6月期決算）

【北米EC】

・売上：$18 Billion（約1兆8000億円）で、YoY（対前年比）+28%
・営業利益：$702Million（約702億円）で、YoY+102%
・営業利益率：4・0%

【クラウド事業】

・売上：$2.9 Billion（約2900億円）で、YoY+58%
・営業利益：$718Million（約718億円）で、YoY+135%
・営業利益率：24・9%

「他人の家庭の『家計簿』を覗くつもりで読む」「決算短信ではなく、決算説明会資料から読む」など、会計に苦手意識がある人でもすんなり入れるよう、メンタル面からのアドバイスもなされており、好感がもてました。

著者は、決算書を読むのが趣味になるほど決算書を読むのを習慣化しているそうですが、確かにそこまでやったら投資力もビジネス力も上がりそうですね。

英語で決算書を読んでみたい方、英語で今どきのビジネスについて論じてみたい方は、ぜひ読んでみてください。

重要スキル10

人間の心理と行動をビジネスに活かす

行動経済学・認知心理学

『ファスト&スロー（上）（下）』（ダニエル・カーネマン　村井章子・訳／早川書房）

『思考の穴』（アン・ウーキョン　花塚恵・訳／ダイヤモンド社）

重要スキルの最後は、人間のバイアス（偏見）を考慮に入れてビジネスするための基礎知識を紹介します。

行動経済学の祖であり、2002年のノーベル経済学賞受賞者、ダニエル・カーネマンによる行動経済学の決定版が、『**ファスト&スロー（上）（下）**』※45です。

行動経済学とは、従来の経済学に心理学の要素を盛り込んだもので、人間が直感や感情でどんな非合理的な行動をするか、それがどう経済活動につながるのかを研究した学問です。

この『ファスト&スロー』では、われわれ人間が持つ2つの思考モードが紹介されています。2つの思考モードとは、システム1(=速い思考)、システム2(=遅い思考)です。常にシステム2(熟慮・熟考)を使っていれば、人は間違わないかもしれませんが、それではあまりに負荷が大きすぎる。そこで人はシステム1を用いるのですが、そこに間違いが生じる可能性があるのです。

ここで登場するのは、有名な「プライミング効果(ある単語に触れたとき、関連語が想起されやすくなる)」、「ハロー効果(相手の一部が好ましいと、それ以外も良いだろうと錯覚する)」、「確証バイアス(自分の主張に都合の良い証拠ばかり集めてしまう)」など。これらに意識的でいないと、正しい意思決定ができない、というのはおわかりかと思います。

このシステム1の思考のなかで、最も重要で、カーネマンがノーベル賞を受賞するきっかけとなったのが、プロスペクト理論(損失回避の理論)です。

人間は、損失を避けたいと思うあまり、非合理的な選択をしてしまうことがある生き物で、それゆえに期待値を無視した行動を取ってしまう傾向があると記されています。

たとえば、以下の例を見てみましょう。

〔問題1〕

確実に900ドルもらえる。または90%の確率で1000ドルもらえる。

〔問題2〕

確実に900ドル失う。または90%の確率で1000ドル失う。

この場合、人間は1問目では900ドル、2問目では1000ドルを選ぶ傾向があります。要するに、損をしたくないわけです。

これとまったく反対の考え方で成功しているのが投資家の村上世彰《よしあき》氏で、彼は自著『いま君に伝えたいお金の話』（幻冬舎）で、こう述べています。

20×10%＋0×90%＝2という期待値のときに、100万円が2000万円になる可能性は10%しかない。でも0円になってしまう可能性は、90%もあります。このように、ゼロになる可能性が非常に高いとき、ほとんどの投資家は「投資しない」という決断をします。でも僕は違います。期待値が「1」を大きく上回っているのですから、僕は投資をします。そして、2000万円になる可能性を、10%からもっと上げることができないか、と考えるのです

優れた起業家、投資家は、期待値を指針に、損失回避バイアスを乗り越えて投資する。この思考法がわかっていれば、他者に差をつけられること、間違いなしです。

次に韓国出身、弱冠25歳でアメリカで心理学の博士号を取り、イェール大学で人気教授となったアン・ウーキョン氏による認知心理学の本、**『思考の穴』**※46を紹介します。

人間のバイアスについて論じた本ですが、さすが大講堂を毎週満員にするだけあって、説明が面白い。

出てくる理論は、確証バイアスだったり、損失回避だったり、王道の話が多いのですが、理論を紹介して終わっていないところがいい。

類書だと、「人間にはこういうバイアスがあるから気をつけましょう」で終わっているところが、「ではどうすればいいのか」までが書かれているところが新しい。

著者いわく、「バイアスを避けるには、『そのバイアスをかけるな』と注意する以上の処方箋が必要」で、この本には現時点でわかっている有効な戦略がいくつか紹介されています。

「何度も見ると、なぜか『できる』と思ってしまう」流暢《りゅうちょう》性効果に対しては、「やってみる」「自分の知識を書き出す」が効果的だといいます。

ネットのデマやエピソード、身近な人の話に惑わされないためには、「大数の法則（データは多ければ多いほどいい）」「平均への回帰（幸運は永久には続かない）」「ベイズの定理（「新たな証拠」をもとに、意見を更新できる）」を理解するなど、対策が書かれているのが親切です。

一時期盛んだった乳がんとマンモグラフィー検査の関係に関しても、そのトリックが暴かれており、興味のある人は読んでみてはいかがでしょう。ここには統計で人を騙すテクニックが書かれています。

認知心理学をビジネスやセールスに活かしたい人はもちろん、バイアスに惑わされず、賢明な生き方をしたい方にもおすすめの一冊です。

あっ、でもあんまり完璧主義だったり、自己管理しすぎるとやばい、ということも書いてあります。お気をつけください。

この本のなかの主だった理論をいくつか見ていきましょう。

人は新たな知見を得たときに、それが見出された経緯を知ると、その知見が事実だと信じる気持ちが強くなる

基本的なメカニズムを思い描くことができると、相関関係に因果関係を見出そうとする傾向が強くなる

自分の知識を書き出すと過信が軽減されうる

少し説明を求めるだけで、人は謙虚になる

ひとつのタスクを複数の小タスクに分解すると、計画錯誤が軽減される

ジンクスは選手のせいというよりも、「平均への回帰」として知られる統計現象

自分のもともとの信条に相反する証拠は、対立を深める結果を招いた

自分にとって重要な成果の内容が不確かな状態にあると、意思決定の能力がうまく機能しなくなる

一番最後に引用したことを仕事に応用すると、重要な健康診断の結果や、親しい人の手術の結果を待っている部下には重要な意思決定を任せてはいけない、ということになりますね。

Transit

転職＆起業

夢への直行便があれば、人生はどれほどラクかと思いますが、
現実には、紆余曲折あるのが普通。
ここでは、キャリアの転機である転職と起業について、
実践的な本を紹介する

「プランB」こそが、成功へとつながる道

📖『プランB　破壊的イノベーションの戦略』（ジョン・マリンズ、ランディ・コミサー　山形浩生・訳／文藝春秋）

📖『その幸運は偶然ではないんです！』（J・D・クランボルツ、A・S・レヴィン　花田光世、大木紀子、宮地夕紀子・訳／ダイヤモンド社）

成功した起業家は、あたかも最初からその事業を手掛け順風満帆にゴールに辿り着いたかのように見えますが、現実には、最初の事業がうまくいかず方向転換したケースが多いものです。

スタートアップの世界では、最初の計画を「プランA」、次に思いついた計画を「プランB」と呼びますが、じつは、プランAで成功する起業家というのは少ないのです。

アップルにしろ、グーグルにしろ、アマゾンにしろ、ペイパルにしろ、じつは成功したのはプランB以降のビジネスモデルなのです。

この『**プランB　破壊的イノベーションの戦略**』※47は、名門ロンドン・ビジネス・スクールで起業を教えているジョン・マリンズと、スタンフォード大学の教授で、ルーカスアーツ・エンターテインメント社とクリスタル・ダイナミクス社のCEO、クラリス社の共同創設者などを歴任したランディ・コミサーが、起業で成功するための「プランB」の考え方を提示した一冊です。

この本のなかで著者は、優れた起業家たちのことを、こう表現しています。

真の男とガキの違いは、そのプランAが失敗したときの行動にある。この本で取り上げる起業家やビジョナリーは、そこで傷をなめて立ち直り、新たに身につけた洞察力を武器に、もっと大きなビジネスへと転じる

若干表現が汚いですが、どうせなら、もっと大きなビジネスに転じたいものですね。

この本には、成功企業20社の事例と徹底調査からわかった、キャッシュを生むビジ

ネスモデルのつくり方がじつに詳しく書かれており、起業したい方は必読の内容です。

たとえば、アップルとアマゾンに関しては、こんな具合です。

アップルは抜け目なく伝統的な「カミソリと替刃モデル」をひっくり返していた。アップルは、たとえ顧客が替刃のほとんどを盗みつづけたとしても、カミソリ―種類の増えるｉＰｏｄ―を売ることで金を儲けられるのだ！

アマゾンは売り上げモデルを改良して、普通のオンライン小売りからオンラインサービスプロバイダとなり、商品だけでなくプラットホームソリューションを売るようになった

みんな最初から儲かるビジネスモデルに辿り着いたわけではない。そう思うと、気がラクになります。

つまらない原理原則や、未成熟な自分のアイデアに固執するのではなく、改善に改

善を重ね、正解に辿り着く。

そんな起業のあり方が説かれた、じつに骨太な一冊です。

しかも、書かれているのは攻め（営業、マーケティング）の視点だけでなく、守り（コスト削減、キャッシュフローの改善）まで。

これを読まなきゃ起業家じゃない。そう思わせてくれる、「熱い（そして厚い）」一冊です。

プランAに固執しなければ、ビジネスもキャリアも、「偶然」を味方につけられる。キャリアに関して、このことを説いたのが、クランボルツ博士による、**『その幸運は偶然ではないんです！』**※48です。

「プランド・ハップンスタンス理論」と名づけられたこの理論は、「計画された偶然性」と訳され、日本でも知られるようになりました。要するに、キャリアは偶然の要素によって8割が左右されるから、偶然に対してポジティブな姿勢でいる方がキャリアアップにつながる、という理論です。

この本は、アメリカの心理学者とキャリアカウンセラーが、45人のキャリアを分析し、本当の幸せをつかむためのキャリアの考え方を説いた一冊です。

著者らが主張するのは、自分の将来を今すぐ決めてしまうのではなく、オープンマインドで、目の前のチャンスに臨む考え方。

しょせん世の中のすべてをコントロールすることは不可能だから、自分でコントロールできる2つの要因、「行動」と「反応」にフォーカスし、キャリアを築いていくべきだというのです。

結果がわからないときでも、行動を起こして新しいチャンスを切り開くこと、偶然の出来事を活用すること、選択肢を常にオープンにしておくこと、そして人生に起きることを最大限に活用すること

幸いなことに、私たちは自分の行動と、さまざまな経験に対する自分の反応をコントロールすることができます。この二つは、人生の方向を決める重要な要因です

若い方に当てはまるであろう、こんなアドバイスもあります。

早い時期にキャリア選択の意思決定をするにあたって不利なことは、ひとつには、知らない職業を無視してしまう可能性があるということ

まずは、どんな選択肢があるか、目を凝らして見ること。そして偶然に身を委ねることで、新たな選択肢との幸運な出会いが生まれるかもしれません。

今の仕事に不満のある人には、こんなアドバイスもなされています。

今の仕事を辞めて新しい仕事を見つけるよりも、今の仕事を楽しくするほうが簡単

自分が望んでいると思っていたものを手に入れるよりも、すでに自分が持っているものに気づき、実はそれこそが本当は自分が望んでいたものだったと

いうことに気づくことが幸せなときもある

キャリア指南の書でありながら、ここに示されているのは、仕事に限らず、さまざまな場面で役立つ考え方です。そういう意味では、自己啓発書に位置づけられる本かと思います。

キャリアで迷ったときは、ぜひ読んでみてください。

会社を選ぶときの具体的なポイント

『転職の思考法』（北野唯我／ダイヤモンド社）

終身雇用がとっくに崩壊しているのに、相変わらず大企業や公務員を志向する人が多い日本。

しかし、時価総額上位企業の将来性を見ても、ＡＩ導入による雇用減少の可能性を考えても、先行きは明るくないと思います。

どんなに大きい船でも、どんなに大勢の人が乗っていても、タイタニック号のように、沈むときは沈むのです。

いやむしろ、かつての戦艦大和のように、大きいことが優位性でない場合、むしろ大きいことによって沈むこともある。

唯一確かなことは、救命ボートは乗船している全員分はないということです。であれば、船に見切りをつけ、さっさとボートに乗って、伸びる業界・企業を探すのも一つの手です。

『転職の思考法』※49は、そんなときに役立つ、まさに「キャリアの救命ボート」です。著者の北野唯我《ゆいが》さんは、博報堂の経営企画局・経理財務局、ボストンコンサルティンググループを経て、ハイクラス層対象の人材ポータルサイト「ワンキャリア」に参画した人物。

この本には、転職経験の浅い読者をターゲットに、どうやって自分のマーケットバリューを上げていくか、どうやって転職先を選別するか、どうすれば「一見良さそうだけれど転職先に向かない企業」を見極められるか、具体的なヒントが書かれています。

いくつかポイントを見ていきましょう。

・マーケットバリューは、⑴技術資産、⑵人的資産、⑶業界の生産性の3つで決まる

・技術資産は「専門性」と「経験」でできている
・キャリアは、20代は専門性、30代は経験、40代は人脈が重要
・そもそもマーケットバリューというのは、「どの業界を選ぶか」で圧倒的に上下する
・「伸びている業界で働いたことがある」だけでバリューは高まる
・強みが死ぬ前に、伸びる市場にピボットする
・会社を選ぶ時の3つのポイント
⑴マーケットバリュー、⑵働きやすさ、⑶活躍の可能性

「業界の生産性が大事」と説いた点が新鮮で、これがわかれば、なぜ同じ仕事をしているのに給料が違うのか、その理由がわかると思います。

給料を上げたい、自分の市場価値を上げたいと考える人は、まずこの本を読むことから始めましょう。

転職先にスタートアップはいかが？

『スタートアップで働く』（志水雄一郎／ディスカヴァー・トゥエンティワン）

転職先にスタートアップを選ぶと、うまくいった場合、急速な成長と高額な報酬が見込めます。

『スタートアップで働く』※50は、転職サイトの「ＤＯＤＡ」（現doda）立ち上げを経て、２０１６年に株式会社ネットジンザイバンク（現フォースタートアップス株式会社）を創業した、スタートアップ界隈《かいわい》で有名なヘッドハンター・志水雄一郎氏による、スタートアップ就職の指南書です。

タイトル通り、スタートアップへの転職、キャリア形成をすすめる内容で、キャリアを大きく変化させたい人、将来起業を視野に入れて転職したい人には、刺さる内容だと思います。

筆者の経験からいっても、この本が掲げるベンチャー転職のメリットは納得で、「ベンチャー＝危険」と思っている方は、ちょっと考えを改めて読んでみることをおすすめします。

すでに有名大企業で働くほとんどの人ですら、十分な資産を築くことはできなくなってきている。むしろ、株式上場前のスタートアップに早い段階から参画して、ストックオプションをもらうほうがよほど勝算が高いように僕には思える

また、どのステージで入社するかが重要という点も同意で、入ったタイミングによっては、ストックオプションや多様な経験、経営者との距離の近さなど、スタートアップ転職の旨みを享受できない可能性もあります。

入社タイミングについて、著者はこんなアドバイスをしています。

上場前の企業、特にシリーズA、Bあたりのスタートアップを狙うのが、最も賢明

シリーズAというのは、既に一定数の顧客がいるプロトタイプの事業をプロダクトローンチさせようとするスタートアップが追加開発・販路開拓のために資金調達（エクイティファイナンス）を実施する段階。Bはこの1～2段階後の段階になります。


不透明な分だけやりがいもありますし、会社も社員に報いようとする段階ですね。

なぜ大企業の新規事業ではダメなのか、インセンティブ設計の面から論じたのはさすがで、確かにこの視点がないと思わぬところで躓《つまず》きます（現に筆者の知人は、大手企業で新規事業を成功させたにもかかわらず、大企業を去ることになりました）。

能力のある方で、大企業に勤めている方にはぜひ読んでいただきたい本です。

既にスタートアップ転職を検討している方には、この本の第4章「スタートアップ転職の成功事例」が参考になるでしょう。

紹介されている方はハイスペックな方が多い印象はありますが、メガバンク出身で

シナモンの執行役員を務める山村萌さん、40代でスタートアップに入り、LabBase執行役員CFOになった後藤洋平さんなど、興味深い事例が集められています。

成功するかどうかは保証できませんが、スタートアップに入ると、経験はもちろん、スピード感、問題解決能力、レジリエンスなど、あらゆる点で個人の能力が上がる気がします。

退屈な毎日に終止符を打ち、挑戦したいと思う方には、まずはこの本を読むことをおすすめします。

成功につながる、隠し扉をこじ開ける方法

『サードドア』（アレックス・バナヤン　大田黒奉之・訳／東洋経済新報社）

筆者は昔、頑固な父に「どんな美容室を選べばいいと思う?」と聞いたら、「センスに関するものは、若いヤツの方がいい」という、意外な答えが返ってきました。

『サードドア』[※51]を読んでいま思うのは、「夢を見る方法について学ぶのなら、若い人から学んだ方がいい」ということです。

人生において経験は重要ですが、時に経験は、行動しない言い訳を生むことがあります。

「どうせやったってできっこない」

「お前の実力ならこれぐらいが適当だ」

「才能のあるヤツにはかなわない」

「経験上、成功する確率は10%もない」

この本の著者は、これらの声に屈することなく、夢を実現した人物です。

著者は、人生には「3つのドア」があると言います。

ファーストドア（正面入り口）、
セカンドドア（VIP専用入り口）、
サードドア（誰も教えてくれないドア）

です。

多くの人は1つ目のドアと2つ目のドアを見て、「彼らと僕は違う」と諦めてしまいますが、現実には彼らだって、サードドアをこじ開けることで、セカンドドアを使うことができるようになったのです。

著者の言葉を借りるなら、こういうことです。

ビル・ゲイツが初めてソフトウェアを販売できたのも、スティーヴン・スピルバーグがハリウッドで史上最年少の監督になれたのも、みんなサードドア

をこじ開けたからなんだ

この『サードドア』は、医者になることを運命づけられていた著者が、どうやって家族の反対を押し切り、名だたる成功者にインタビューを成功させ、作家、ベンチャーキャピタリストとしての道を切り拓くようになったのか、その軌跡を書いた、じつにエキサイティングなノンフィクション本です。

成功者たちが、どうやってサードドアを開いたのか、早速見ていきましょう。

●スピルバーグ・ゲーム

〈スピルバーグがスタジオ内にコネをつくって成功した方法〉

1．ツアーバスから飛び降りる

2．インサイドマン（内部の関係者）を見つける

3．その人になかに入れてもらえるよう頼む

●ベストセラー作家ティム・フェリスの方法

フェリスはまだ新人の会社員だったとき、「シリコンバレーのスタートアップ起業家の会」(SVASE)でボランティア活動をし、大きなイベントをプロデュースした。それで、成功者にメールを送る正当な理由を得た。「こんにちは、僕はティム・フェリスといって最近大学を卒業しました」ではなく、「僕はティム・フェリスです。SVASEで、イベントをプロデュースしています」と言えるようになったのだ。こうした後ろ盾があるかどうかが、大きな違いを生む

●著者アレックス・バナヤンがエリオット・ビズノーと会い、世界中の大物に会うまでのエピソード

24時間後、エリオットから返事が来た。

すばらしいメールだった。

明日か木曜、ロスに来れるかい?

僕はカレンダーをチェックした。木曜は会計の期末試験の日だ。

「どちらも空いています」

この本が教えてくれるのは、どんな人でも「3番目のドア」をこじ開けることはできるということ。

そしてそれには、ちょっとした勇気と行動と人間的魅力が必要で、そのすべては学習することができるということ。

もしあなたが人生に不満を感じていて、今とはまったく違う人生を生きたいと考えているならば、この本ほど明快な答えとヒントをくれる本はないと思います。

転換期には、引越しを考えるのも手

『年収は「住むところ」で決まる』
（エンリコ・モレッティ　安田洋祐・解説　池村千秋・訳／プレジデント社）

『年収は「住むところ」で決まる』※52。なんと衝撃的なタイトルでしょうか。

一見、チープな自己啓発書かキャリア関連書を思わせるタイトルですが、じつはこの本、「都市経済学」を専門とする著者の、かなり本格的な論考です。

さまざまなリサーチやデータを元に、われわれの年収が住所によって決まることを明らかにした、じつに刺激的な一冊です。

強烈なのは、「上位都市の高卒者は下位都市の大卒者よりも年収が高い」という事実です。実際、ニューヨークでウェイターをしている人間は年収１０００万円を超えており、東京の大企業で働いているサラリーマンより収入が多かったりします。

かつて、トーマス・フリードマンは、グローバル化を論じたベストセラー『フラット化する世界』（日本経済新聞出版）で、ある人が地理的にどこにいるかは大きな意味を持たなくなった、と主張しました。

しかしながら、その後の追跡調査によると、じつはイノベーション企業の大半はコストの高い都市部に集中し、しかも、その状態がずっと続くことがわかっているのです（世界の電話通話、ウェブサイトへのアクセス、投資資金の流れの95％は、比較的近接した地域内で起きている。むしろ、今日のハイテク産業は、20年前に比べて一部の土地への集積がさらに加速している）。

これはなぜかというと、イノベーションを起こすには、優れた企業や人材が集まることが重要だからです。

面白いことに、いったんその土地に企業や人材が集中すると、イノベーション企業ばかりか、周囲のサービス業まで雇用創出の恩恵を受けるのだそうです。

テクノロジー関連企業の話をすると、よく出てくるのが、雇用創出が少ないことに関する指摘ですが、どうやらこれは誤解のようです。

以下、引用部分を読んでみてください。

フランスのインターネット関連産業についての研究によれば、ワールドワイド・ウェブが登場して以降、インターネットが生み出した雇用は一二〇万に達している（ソフトウェアエンジニアなど、インターネットに直接関係する仕事と、オンラインショッピングの配送など、インターネット産業以外の仕事の両方を含む）。一方、消滅させた雇用は五〇万。つまり、インターネットのおかげでざっと七〇万の雇用が増えたことになる

ただ問題は、「雇用の消滅が幅広い地域で起きるのに対し、雇用の創出がいくつかの地域に集中」してしまうことです。

これは、政治的には大きな問題かもしれません。

イノベーションがますます大事になっていることや、ベンチャーキャピタルが近くの企業を好むこと、パワーカップルが都市部を好むことなどを考えれば、ますます都市部のなかでも有力都市が住むにも働くにも有利、ということになってきそうです。

どうせ思い切った転換をはかろうと思うのなら、世界の主要都市に住む、というのもドラスティックで面白いと思います。

以下、この本のなかから移住のヒントを見ていきましょう。

研究によると、ある都市に科学者が一人やって来ると、経済学で言うところの「乗数効果」の引き金が引かれて、その都市のサービス業の雇用が増え、賃金の水準も高まることがわかっている

これからのビジネスに影響を与えそうな有能な研究者は誰で、どこにいるのか。どこに移動するのか。この情報がつかめれば、面白い移住になります。もちろん、研究者はグローバルで探すのをお忘れなく。

ドットコム・バブルの最盛期だった二〇〇〇年、識者は口をそろえて「ニューエコノミーの登場により、企業も個人も地理的制約から解き放たれる」と主張した。しかしすでに述べたように、実際には、それとは逆のことが起きて

いる。イノベーション関連の企業が成功できるかどうかは、どのようなエコシステムで活動するかに大きく左右されるのだ

シリコンバレーには、ＩＴビジネスのエコシステムがある。つまり優れた教育機関（スタンフォード大学）があって、成功した先輩がいて、投資家がいて、ユーザーがいる。

筆者がスタンフォード大学を訪れたとき、そこではＧｏｏｇｌｅの元ＣＥＯエリック・シュミットとライス元国務長官が教鞭を執っていました。おそらく、将来有望な若者にいち早く投資するためでしょう。

あなたの狙うビジネスのエコシステムがどこにあるかを見極め、移住を考えることが、将来のキャリアにつながります。

起業家にとっては、以下の情報も重要でしょう。

注目すべきだと思うのは、ベンチャーキャピタル業界のローカル指向の強さだ。この業界ではかつて、「二〇分ルール」ということがよく言われていた。

オフィスから車で二〇分以内に所在していない企業は、投資対象として考慮されない、というわけだ

おそらくこれは、投資家は労働者や経営者と違って、住む場所を締める理由がないからだと思います。彼らは自分の住みたい場所に住んで、投資機会をうかがう。だから、住環境が良くて、優秀な人間が集まるサンフランシスコのような都市に投資家も起業家も集まるのでしょう。日本なら、東京、京都がそれにあたるでしょうか。

せっかく人生のトランジットを考えるなら、住む場所も大胆に変えてみましょう。

転換期こそ、「大きく考える」

『大きく考えることの魔術』（ダビッド・J・シュワルツ　桑名一央・訳／実務教育出版）

「成功するかどうかは考え方の大きさによって決まる」。

1970年の初版発行以来、成功者たちの間でひそかに読み継がれている自己啓発分野の名著がこの本、**『大きく考えることの魔術』**※53です。

著者は、経営組織、マーケティング、経済、心理学を専門とし、人材の活性化及び開発を手掛けるコンサルタントです。

自己啓発書は、それこそ星の数ほどありますが、この本の優れた点は、タイトルにもある「大きく考えること」の効用と、大きく考える人間になるためにどうすればいいのかを具体的に論じた点です。

大きく考えられないと、どうなるか。

この本では、大きく考えられない人が多いため、世の中ではおかしな現象が起きていると報告しています。


ある人事部長の話によると、年間四万ドルの仕事に対する応募者は、年間二〇万ドル支払う仕事の五〇倍にも達するという。ということは、第一級の仕事よりも、第二級のやさしい仕事のほうがずっと競争が激しいということだ

目の前の仕事に不満がある、一生懸命こなしているのに報われない、なぜか周りの人が認めてくれない、という人は、自分自身に「大きく考える」習慣がついていないことが原因かもしれません。

では、具体的にどうすれば「大きく考える」習慣がつくのでしょうか。

この本で紹介されている方法をいくつか紹介すると、まずは「行動は恐怖を治療する」という原則が挙げられます。これは、実際に行動してみれば恐怖心が消えること

を意味しており、行動したいけれど踏ん切りがつかない、という人には効果的なやり方です。

ほかにも、「疑いを考えれば失敗する。勝利を考えれば成功する」「自信のある考えを持つためには、自信のある行動をせよ」など、参考になる考え方がいくつも示されています。

この本の教えは、仕事における心構えとしても重要で、特に以下の部分は参考になります。

人とつき合うときには、次の二つの点を心にとどめておくことだ。第一は、その人は重要な人であるということ。第二は、しかし同時に、あなたも同じように重要なのだ、ということである

これがないと、他者と対等な関係を築くことが難しくなり、結果、仕事もうまくいかなくなる。他者の自己重要感を満たし、自分の自己重要感も満たすことが、長期にわたる人間関係のカギになるということでしょう。

会社の利益を自分の利益と同じだと思いなさい

これに反発を感じた人は、奴隷マインドで働いている危険性があります。「会社の利益を自分の利益と思う」というのは資産家・企業オーナーの思想であり、最終ゴールがそこならば、今すぐ思考を変えなければいけません。会社がうまくいけば、自分の取り分が増える。これが信じられない会社には、いつまでも在籍しないことです。そのままだと奴隷マインドが助長されてしまいます。

何かの助言を得たければ、第一級の人のところへ行くことだ

これも良い助言ですが、これをするには、先の「自己重要感」が満たされていなければなりません。自分を重要な人と思えるから、第一級の人の前に立てるのです。

自分の仕事を重要な仕事だと考える人は、その仕事をよりよくするにはどう

したらよいかという心の信号を受け取る

もしあなたが今の仕事をこのように思えているなら、仕事（会社）を辞めてはいけません。会社に不満があるなら、会社と交渉するか、自分で会社を立ち上げるべきです。逆にこのように思えていないなら、転職して、重要だと思える仕事に就くようにしましょう。そうすれば、やる気の問題や報酬の問題、人間関係の問題など、あらゆる問題が消えてなくなるはずです。

「いいニュースがあるぞ！」と叫べば、一〇〇パーセント人は注意を向けるだろう。と同時に、いいニュースは熱意をもかきたてるのである

だとすれば、日々良いニュースを得るために勉強し、良い報告ができるよう働くことです。それだけで、あなたの周りは「熱意ある場」に変わることでしょう。

ゼロから巨大事業を生み出す発想

『ゼロ・トゥ・ワン』（ピーター・ティール、ブレイク・マスターズ　瀧本哲史・序文　関美和・訳／NHK出版）

世界最大のオンライン決済システム「ペイパル」の共同創業者であり、フェイスブックの最初の外部投資家、さらにはリンクトイン、ヤマー、イェルプ、クオラ、スペースXなどにも投資しているカリスマ投資家、ピーター・ティールによる一冊、『**ゼロ・トゥ・ワン**』※54。

一行目からグイグイ引き込まれ、ベンチャーマインドが刺激される、すごい起業本です。読めば、「今すぐ何かすごいことを成し遂げたい」という気持ちに駆られるのではないでしょうか。

著者は、起業家に向け、こんなことを述べています。

・ビジネスに同じ瞬間は二度とない
・新しいこと、試されていないことこそ、「ベスト」なやり方
・小さな違いを追いかけるより大胆に賭けた方がいい

単に啓発的なだけの本ではありません。起業する際の現実をきちんと踏まえ、今日のビジネスで成功するための原理原則や考え方が、きちんと網羅されています。それも、とんでもなく刺激的な言葉で、です。

・賛成する人がほとんどいない、大切な真実はなんだろう？
・企業は価値を創造するだけでなく、創造した価値の一部を社内にとどめなければならない
・偉大な企業かどうかは、将来のキャッシュフローを創出する能力で決まる
・スタートアップが狙うべき理想の市場は、少数の特定ユーザーが集中して

いながら、ライバルがほとんどあるいはまったくいない市場
・勝ちたければ「何よりも先に終盤を学べ」
（ホセ・ラウル・カパブランカ：チェスのグランド・マスター）

著者は、リーン・スタートアップに代表されるような、「少しずつ」「段階的に」といった考え方や、「分散投資」のような考え方、学歴エリートを目指す消極的な生き方を否定し、リスクを取り、目的志向で生きる生き方を奨励しています。
そんな著者の本音が詰まったのが、おそらくは次の一文。

二一世紀をこれまでより平和な繁栄の時代にしてくれる新たなテクノロジーを思い描き、それを創り出すことが、今の僕らに与えられた挑戦なのだ

挑戦心を刺激されたら、次はあなたが成功する番です。

直感と常識に反することで、圧倒的成長をモノにする

『ブリッツスケーリング』(リード・ホフマン、クリス・イェ　ビル・ゲイツ・序文
滑川海彦、高橋信夫・訳/日経BP)

シリコンバレーで注目される急成長起業のコンセプト、「ブリッツスケーリング」を解説したのが『ブリッツスケーリング』※55です。

リンクトイン創業者であり、エンジェル投資家として初期のフェイスブック、ジンガに投資したリード・ホフマンと起業家・著作家・メンターのクリス・イェによる共著です。

「ブリッツスケーリング」というのは、ドイツ語のブリッツ(=雷)に由来する言葉で、第二次世界大戦の初戦でナチス・ドイツのハインツ・グデーリアン陸軍大将が指

導したブリッツクリーク（電撃戦）を比喩に使った戦略論です。

この本によると、「ブリッツクリークは全面攻勢の戦略であり、燃料、弾薬、食料その他資材の補給が追いつかなくなるという破滅的な危険を冒して、前進速度と衝撃の最大化を図った。攻撃側の前進速度があまりに速いため、防御側は不意をつかれて戦線は大混乱に陥り、攻撃側に最大限の行動の自由を許す結果となった」そうです。

この本では、シリコンバレーや深センの急成長ベンチャーの事例を挙げながら、ブリッツスケーリングの実際的なやり方を解説しています。

早速、見ていきましょう。


ブリッツスケーリングは実行が難しい。マイクロソフトやグーグルのように当初から無尽蔵に近い収入を得られた幸運な例を別にすれば、資金を外部から導入する必要がある。起業家は、指数関数的に巨額化していく資金の必要性を投資家に納得させねばならない

ブリッツスケーリングではひとつのビジネスが成功したことに安住してはな

らない。成長曲線を維持するには第二弾のブリッツスケーリングが必要だ

結局、カギとなるのは、新しいテクノロジーを潜在的な顧客に効果的に提供する方法と急速に巨大化しても高い利益率を維持できるビジネスモデルだ

この本によると、スタートアップの成長を最大化する要因は4つあります。起業家は、この4つを説明できなければいけない、ということです。

成長を最大化する4つの成長要因

1. 市場規模
2. ディストリビューション
3. 粗利益率の高さ
4. ネットワーク効果

4番目のネットワーク効果については、それを5つに分類して説明しています。ぜ

ひ押さえておきましょう。

5種類のネットワーク効果

1．直接的ネットワーク効果

（使用量が増えると、価値が直接的に高まる）

2．間接的ネットワーク効果

（使用量が増えると、補完財の消費を促し、間接的にプロダクトの価値が高まる）

3．双方向ネットワーク効果

（あるユーザーグループによって使用量が増えると、別の補完的なユーザーグループの価値を高める）

4．ローカルネットワーク効果

（一部のユーザーグループの使用量が増えると接続ユーザーの価値が高まる）

5．互換性と標準規格

（あるプロダクトの使用が増えると、それと互換性のあるプロダクトが有利となる）

スピードと不確実性を武器に進めば、当然敵は追随《ついずい》できない。ブリッツスケーリングを実行することで、急成長を遂げられるというのは、つまりそういうことです。

じつにワクワクする論考＋実践アドバイスですが、これを実行するには相応の知性と胆力、人脈とコミュニケーション力が必要ですね。急成長を目指す人は、ぜひ読んでみてください。

ネットワーク効果を活用し、成功に拍車をかける

『ネットワークエフェクト』（アンドリュー・チェン 大熊希美・訳／日経BP）

今日のインターネットビジネスで、ネットワーク効果を知らずに成功するのは難しい。

ネットワーク効果とは、「多くの人が使えば使うほど製品の価値が高まる」ことであり、それゆえにビジネスが成長するということです。

アマゾンやメルカリのようなマーケットプレイス、ウーバーやエアビーアンドビー、マッチングアプリなどは、その典型例と言えるでしょう。

『**ネットワークエフェクト**』※56は、ウーバーの高成長期にライダー・グロースチームを率い、現在はシリコンバレーのベンチャーキャピタル、アンドリーセン・ホロ

ウィッツのゼネラルパートナーを務めるアンドリュー・チェン氏が、起業家に向けて、いわゆる「ネットワークエフェクト（ネットワーク効果）」を理論化した一冊です。

参入障壁が低いインターネットビジネスにおいては、「ネットワークエフェクト」と「ブランディング」がその対抗策として知られていますが、どちらもその実践においては、深く論じられてはいません。

この本では、テクノロジー界隈に豊富な人脈を持つ著者が、ドロップボックス、スラック、ズーム、リンクトイン、エアビーアンドビー、ティンダー、ツイッチ、インスタグラム、ウーバーなどの創業者や初期社員１００人以上に取材し、ネットワークエフェクトの実際と、どんなときにどんな理論が使えるのか、理論の精緻化をはかっています。

ネットワークエフェクトを発揮するには、提供者と消費者の両方のネットワークを充実させる必要がありますが、立ち上げ段階では、それが望めません。

この本では、このいわゆる「コールドスタート問題」をクリアするためのアトミックネットワークの構築法、ネットワークのハードサイドの押さえ方など、ネットワークエフェクトを味方につけるための起業家必須の理論を紹介しています。

事例も豊富で、ウィキペディアやティンダー、ズーム、クラブハウス、リンクトイン、インスタグラム、レディット、ウーバー、ペイパル、ツイッチ、イーベイ、ユーズネット、ユーチューブ、クレイグスリスト、グーグルプラスの成功例／失敗例が紹介されています。

どんな理論も、単純に当てはめるだけではうまくいかないものですが、この本はネットワークエフェクトをどう自社の事業に活かせばいいのか、実践面の詳細が見えてくる内容で、起業家や新規事業の担当者は必読の内容です。

いくつか、示唆《しさ》に富んだコメントを見ていきましょう。

必要最小限の数が多いほどネットワークの構築は難しくなるが、長い目で見れば他社を跳ねのける防御壁にもなる

新しいネットワークの立ち上げで大事なのは、特定のニーズ、状況、タイミングに当てはまるひと握りの人たちに的を絞ることだ

人気サービスを見てみると、時間や遊休資産を持つ人たちのネットワークが土台にあることがわかる

用途が増えるとエンゲージメントが高まる

かなり緻密にネットワークエフェクトが論じられた、起業家・投資家必読の教養書です。

起業家のための学び直し会計

『稲盛和夫の実学』（稲盛和夫／日本経済新聞出版）

京セラを創業した稲盛和夫氏の最高傑作は、間違いなくこの『**稲盛和夫の実学**』※57です。

この本では、稲盛和夫氏が考案した、会社がどんなに大きくなっても、細部まで把握できる会計システムについて書かれています。

会社が大きくなっていくと、決まって管理が雑になり、経営者は現場の実態を把握できなくなるものですが、著者はその事態を防ぐため、当時の経理部長と対話して、いつでも経営の細部を把握する管理会計システムをつくり上げました。

この本には、その稲盛流の会計方法がまとめられています。

著者は、経営者の目指すところとして、こう書いています。

経理が準備する決算書を見て、たとえば伸び悩む収益のうめき声や、やせた自己資本が泣いている声を聞きとれる経営者にならなければならないのである

具体的に、著者が気をつけていたことを挙げてみましょう。

・法定耐用年数によらず、設備の物理的、経済的寿命から判断して「自主耐用年数」を定めて償却を行う
・儲かったお金がどういう形でどこに存在するのか、ということをよく把握して経営する
・「本当に財産としての価値を持つものなのか、そうでないのか」というのは、経営者が判断すべきもの
・いかにして経営そのものを「キャッシュベース」としていくのか

・内部留保を厚くする
・モノまたはお金と伝票が、必ず一対一の対応を保たなければならない
・中古品で我慢する
・「固定費」の増加を警戒する
・ダブルチェックによって会社と人を守る

会社印鑑の取り扱い方法から金庫の管理、購入手続きなどについても事細かに書かれており、これならどれだけ大きくなっても、管理が行き届く。

会社を大きくしたい人は、早いうちに読んでおくといいでしょう。

不況に負けない、『カネ回りのよい経営』

『カネ回りのよい経営』（井上和弘／日本経営合理化協会出版局）

経営はいつも順風満帆なわけではありません。

不況に陥ったとき、大事になるのは、キャッシュフロー経営。いわゆる「カネ回りのよい経営」です。

普段からキャッシュフロー経営を実践し、キャッシュリッチな企業にしておけば、不況はむしろチャンスに変わります。優秀な人材は余っているし、モノは安い。おまけに広告宣伝費まで下げられるからです。

では、どうすれば、健全なキャッシュフロー経営が実現できるのか。

『カネ回りのよい経営』※58は、まさにその実践法を教えてくれる一冊です。

著者は、早稲田大学、イタリアフローレンス大学留学を経て、大手経営コンサルティング会社に入社、その後ICOコンサルティングを設立した井上和弘氏。

社長のための貸借対照表の読み方、むだな在庫をつくらないためのマーチャンダイジング、そして粗利を増やすための具体的方法まで、じつに詳しい内容が述べられており、あらゆるキャッシュフロー経営の本のなかで、トップクラスにわかりやすく、実践的な本です。

社長向けということで少々お値段は張りますが、理解できたときのリターンを考えれば安い投資だと思います。

この本のなかから、「カネ回りのよい経営」実践のための知恵を見ていきましょう。

・すべての元手は、利益を稼ぎ出すものにしか使わない。利益を稼いでいないと判断したら、売却損がでようと即座に始末して現金に換える

・「乗用車なんか雨ざらしでいい。しかしカネを稼ぐ機械は専用の車庫を作って大事に扱え」(J土木のJ社長)

・今の資産を有効に使って、もっと売上を獲得する
・有効でない資産を削って換金し、借入金を返し総資産を小さくする
・顧客から「いらない」と言われた死に筋商品を、いつまでも在庫しない

また、この本では、増やすことによって「使えるおカネを増やす」策も紹介されています。本当に追い込まれる前にやっておくと、資金繰りがラクになるはずです。

増やすことによって「使えるおカネを増やす」策

1. 現金取引を増やす・前受金をもらう
2. 利益を増やす
3. 資本金を増資する
4. 未払金、買掛金、支払手形を増やす
5. 借入金を増やす

起業家のための戦略

『良い戦略、悪い戦略』
（リチャード・P・ルメルト　村井章子・訳／日本経済新聞出版）

「エコノミスト」誌が選ぶ「最も影響力ある25人」の一人、UCLAアンダーソン・スクール教授のリチャード・P・ルメルト教授による戦略論が、**『良い戦略、悪い戦略』**※59。

『ブルー・オーシャン戦略』著者のW・チャン・キム、『コア・コンピタンス経営』著者のゲイリー・ハメルが推薦しています。

この本には、行動に直結する「良い戦略」と、「いま何をすべきか」が示されていない「悪い戦略」の違いが明確に定義されており、戦略の本質と、良い戦略の条件を学ぶことができます。

また、「良い戦略の基本構造」にも言及しており、経営者が戦略を設計する際のヒントにもなります。

なぜIKEAの戦略は秘密でも何でもないのに、競合他社が真似しないのか、なぜKマートはウォルマートに敗北したのか、なぜアップルはマイクロソフトに1億5000万ドルもの投資をさせることができたのか、といった謎が、戦略の視点から解き明かされていて、じつに刺激的な読み物です。

戦略の事例として、第一次世界大戦、第二次世界大戦、湾岸戦争、トラファルガー海戦、ローマを打ちのめしたハンニバルの戦略なども登場し、まさに戦略の教科書と呼ぶにふさわしい一冊です。

本当に役立つ戦略の本は、ちょっと読み進めるたびに自らのビジネスに応用できるヒントを与えてくれるものですが、この本はまさにそんな内容です。

いくつか、気になった部分をピックアップしてみましょう。

戦略策定の肝は、つねに同じである。直面する状況の中から死活的に重要な要素を見つける。そして、企業であればそこに経営資源、すなわちヒト、モノ、カネそして行動を集中させる方法を考えることである

戦略の基本は、最も弱いところにこちらの最大の強みをぶつけること、別の言い方をするなら、最も効果の上がりそうなところに最強の武器を投じることである

良い戦略とは「何をやるか」を示すだけでなく、「なぜやるのか」「どうやるのか」を示すものであるべきだ

希少なリソースを持つ場合には、それに対する需要をうまく高める

古典的な軍事戦略では、防御側は高地をとるのがよいとされている

どうすれば、自社に有利な戦い方ができるか。考える枠組みを与えてくれる一冊です。

やがて敵が追いつけなくなる戦略

『ストーリーとしての競争戦略』（楠木建／東洋経済新報社）

豊富な事例をもとに、優れた戦略の条件について、約500ページにわたり、論じた本が『ストーリーとしての競争戦略』※60です。

著者いわく、「優れた戦略とは思わず人に話したくなるような面白いストーリー」のこと。

単なるビジネスモデルと違って、「こうすると、こうなる。そうなれば、これが可能になる……」という時間展開を含んだ因果論理は、企業活動を善循環に導き、競合の模倣を困難にし、さらにチームメンバーをワクワクさせる効果があるといいます。

この本では、スターバックスやアマゾン、セブン‐イレブン、マブチモーター、フェラーリ、サウスウエスト航空、アスクルなど、豊富な事例をもとに、このストーリーとしての戦略づくりを説明しています。

たとえば本書で紹介されているアマゾンの例を紹介しましょう。

アマゾンの戦略ストーリーは、創業者のジェフ・ベゾスが強調していたように、「セレクション（品揃え）」から始まります。なぜなら、消費者は自分が探していたものが「あった！」ときに満足を感じ、その後もそのお店を利用するものだからです。

アマゾンの戦略ストーリーは、次のように展開します。

- 「セレクション（品揃え）」が良いと、「顧客の経験」が高まる。
- 顧客が満足するから、「トラフィック」（サイトに流入する顧客数）が増える。
- 人が多く集まるサイトには、「売り手（セラー）」が集まるから、また「セレクション（品揃え）」が増える。
- 売り手が多くなると、競争が高まるから、アマゾンにとっての低コスト構造とお客様への低価格が実現する。

この戦略ストーリーのすごいところは、このサイクルを回しているうちに、セレクションも顧客の経験もトラフィックも売り手の数も、どんどん増えていく。それに伴って収益性も上がっていく、というところにあります。まさに善循環です。

時間をかけて築き上げられたものだけに、新規参入者がいきなり真似ようとしても真似できないのがポイントで、どんどん競争力が高まるということになるのです。

この「戦略ストーリー」をいかにしてつくり上げるか。この本にはそのためのヒントが書かれています。

強い組織づくりのために、ぜひ読んでみてください。

不確実な時代に、未来を創るための戦略

『両利きの経営』（チャールズ・A・オライリー、マイケル・L・タッシュマン　入山章栄・監訳・解説　冨山和彦・解説　渡辺典子・訳／東洋経済新報社）

アマゾンの元同僚が昔、ジェフ・ベゾスとのやり取りを興奮しながら教えてくれたことがあります。

「信じられるか？　あんなに多忙な大経営者が、僕が担当しているたった2億円の新規事業のために直接メールをくれるんだぜ」

彼が言うには、ジェフはこんな内容のメールを送ってくれたそうです。

「キミが手掛けている事業は、今はまだ小さいかもしれないが、アマゾンの未来にとって非常に重要なんだ」

こんなメールをもらったら、部下はやる気になるのが当然……。と、そんな話がしたいわけではありません。

ジェフ・ベゾスがすごいのは、彼が**『両利きの経営』**※61における「探索」と「深化」を実践しているからなのです。

筆者は書評家として、これまで数多くのビジネス書を読んできましたが、そのなかには、失敗企業の研究も数多く含まれています。

毎回驚かされるのは、失敗した企業には必ずと言っていいほど、新規事業の「芽」があり、それがことごとく社内で潰されてしまっていたということです。

ここでご紹介するのは、成熟事業と新規事業の二兎を追う戦略、「両利きの経営」について、スタンフォード大学経営大学院教授のチャールズ・A・オライリー氏と、ハーバード・ビジネススクール教授のマイケル・L・タッシュマン氏がまとめた一冊です。

タイトルになっている「両利きの経営」については、こう説明されています。

成熟事業の成功要因は漸進型の改善、顧客への細心の注意、厳密な実行だが、

新規事業の成功要因はスピード、柔軟性、ミスへの耐性だ。その両方ができる組織能力を「両利きの経営（ambidexterity）」と私たちは呼んでいる

解説の入山章栄氏によると、この理論は、クリステンセン教授の「イノベーションのジレンマ」を超え、経営学において今、最も重要な理論だそうです。

成功した大企業がなぜ、生まれていたはずのアイデアや技術を台なしにし、既存事業と心中してしまうのか。変化するために、リーダーは、何に気を配る必要があるのか。

この本のなかから、リーダーが気をつけるべき3つのポイントをピックアップしてみましょう。

リーダーに求められる3つの行動

1. 新しい探索事業が新規の競合に対して競争優位に立てるような、既存組織の資産や組織能力を突き止める
2. 深化事業から生じる惰性が新しいスタートアップの勢いをそがないよう

に、経営陣が支援し監督する

3．新しいベンチャーを正式に切り離して、成熟事業からの邪魔や「支援」なしに、成功に向けて必要な人材、構造、文化を調整できるようにする

企業の栄枯盛衰《えいこせいすい》を書いた本は山ほどありますが、どうすればそこから逃れられることができるのかをまとめた本は希少です。

「探索」と「深化」、原理の違う2つを同時に行うことが企業を繁栄に導くと説いたこの本は、すべてのリーダーが読むべき必読の書です。

起業家が自らを戒めるための原則

『人を動かす』（デール・カーネギー　山口博・訳／創元社）

人間関係術の本として、世界で最も有名な、名著中の名著が『**人を動かす**』※62です。

デール・カーネギーの教えはたくさんありますが、とりわけ大切なのは、「自己の重要感に対する欲求」、つまり「人は自分を重要なものと思いたがっている」という点でしょう。そして、人を動かすには、「みずから動きたくなる気持を起させる」ことが大切です。

多くの人は、この本のタイトルが『人を動かす』だから買うのですが、現実には人は動かせません。人は自ら動くのです。

この重要な真理を起点に、この本では、さまざまな人間心理の原則と、それを熟知していた成功者たちの豊富なエピソードが紹介されています。

最初に紹介されているのは、「人を動かす三原則」。シンプルなルールですが、実行するのは難しそうですね。

1．盗人にも五分の理を認める
2．重要感を持たせる
3．人の立場に身を置く

1つ目の原則「盗人にも五分の理を認める」を説いた部分では、「針のさきほどのきっかけ」でも簡単に人を殺したというニューヨーク史上に残る凶悪犯クローレーと、ご存じ、暗黒街の王者アル・カポネのエピソードが出てきます。

この本によれば、クローレーは、つかまって処刑される寸前、「自分の身を守っただけのことで、こんな目にあわされるんだ」と言ったそうです。アル・カポネも、「おれは働き盛りの大半を、世のため人のためにつくしてきた。ところが、どうだ――おれの得たものは、冷たい世間の非難と、お尋ねものの烙印《らくいん》だけだ」と嘆いたといいます。

ここでカーネギーが言いたいことは、「人間はたとえ自分がどんなに間違っていても決して自分が悪いとは思いたがらないものだ」ということ。

他人のあら探しは、なんの役にも立たない。相手は、すぐさま防御体制をしいて、なんとか自己を正当化しようとするだろう。それに、自尊心を傷つけられた相手は、結局、反抗心をおこすことになり、まことに危険である

正義を振りかざしてもいいことがないのは、こうした理由によるのでしょう。原則の2つ目「重要感を持たせる」を説明した部分では、鉄鋼王アンドリュー・カーネギーに重用され、後にU・S・スチール社の社長に迎え入れられた人物、チャールズ・シュワッブの言葉が登場します。

わたしには、人の熱意を呼びおこす能力がある。これが、わたしにとっては何ものにもかえがたい宝だと思う。他人の長所を伸ばすには、ほめることと、

励ますことが何よりの方法だ。上役から叱られることほど、向上心を害するものはない。わたしは決して人を非難しない。人を働かせるには奨励が必要だと信じている

また、ここではアンドリュー・カーネギーの有名な墓碑銘《ぼひめい》も紹介されています。

「おのれよりも賢明なる人物を身辺に集むる法を心得しものここに眠る」

さらに、2つ目の原則を実行するために、カーネギーはこんな古い名言を切り抜き、毎日見る鏡に貼っていたといいます。

この道は一度しか通らない道。だから、役に立つこと、人のためになることは今すぐやろう——先へ延ばしたり忘れたりしないように。この道は二度と通らない道だから

原則の３つ目「人の立場に身を置く」は、極めてシンプルです。それは、「人を動かす唯一の方法は、その人の好むものを問題にし、それを手に入れる方法を教えてやることだ」ということ。ここでは、自動車王ヘンリー・フォードの言葉が引用されています。

成功に秘訣というものがあるとすれば、それは、他人の立場を理解し、自分の立場と同時に、他人の立場からも物事を見ることのできる能力である

カーネギーは指摘します。

きょうもまた数千のセールスマンが、十分な収入も得られず、失望し疲れはてて街を歩いている。なぜだろう――彼らは常に自分の欲するものしか考えないからだ

これら三原則のほかに、この本では、「人に好かれる六原則」「人を説得する十二原

則」「人を変える九原則」「幸福な家庭をつくる七原則」が登場し、それぞれエピソードと教訓が紹介されています。

人に好かれる六原則

「人に好かれる六原則」は以下の通り。

1. 誠実な関心を寄せる
2. 笑顔を忘れない
3. 名前を覚える
4. 聞き手にまわる
5. 関心のありかを見ぬく
6. 心からほめる

ここでは、エピソードに優れた3つ目の原則、「名前を覚える」に関する部分を紹介しましょう。

「名前を覚える」の説明には、フランクリン・ルーズベルト大統領の当選を陰で支えた人物、ジム・ファーレーのエピソードが登場します。

ファーレーは人の名前を覚える達人だったようで、なんと5万人の名前を覚えていたというから驚きです。その記憶法は、「初対面の人からは、かならずその氏名、家族、職業、それから政治についての意見などを聞き出す。そして、それをすっかり頭に入れてしまう」というシンプルなものだったようですが、彼はこのやり方で、次に会ったときにはその人の肩をたたいて、細君や子どものことを聞き、庭の植木のことまでたずねることができた、といいます。支持者が増えたのも当然ですね。

鉄鋼王カーネギーは、早くも10歳のとき、この原則に気づき、ビジネスのさまざまな場面で友人や取引先の名前を尊重し、成功したといいます。

名前を覚えることは、相手に「自己重要感」を与える、最も簡単な方法なのでしょう。

「人を説得する十二原則」は、以下の通りです。こちらもやはり、意識しないとできないことだらけですね。

人を説得する十二原則

1. 議論をさける
2. 誤りを指摘しない
3. 誤りを認める
4. おだやかに話す
5. 〝イエス〟と答えられる問題を選ぶ
6. しゃべらせる
7. 思いつかせる
8. 人の身になる
9. 同情を持つ
10. 美しい心情に呼びかける
11. 演出を考える
12. 対抗意識を刺激する

全体を通して貫かれているのは、「相手の自尊心を尊重する」ということ。

そのために議論を避け、誤りを指摘せず、教えるときにはイギリスの詩人、アレクサンダー・ポープが言っているように、「教えないふりをして相手に教え、相手が知らないことは、忘れているのだと言ってやる」。

ここまで徹底できれば、人間関係はほぼ問題なくなるでしょう。

この本に出てくる成功者たちのエピソードを読んでいると、相手を尊重する人生が、いかに豊かで実り多いものかを感じることができます。社会人として身につけるべき人間関係術のエッセンスは、すべてここに詰まっていると言っても過言ではないと思います。

種をまき続ける情熱が飛躍と持続のカギ

『ビジョナリーカンパニー2』（ジム・コリンズ　山岡洋一・訳／日経BP）
『ビジョナリー・カンパニーZERO』（ジム・コリンズ、ビル・ラジアー　土方奈美・訳／日経BP）

全米ベストセラーとなった、『ビジョナリーカンパニー』シリーズのなかでも、最高の評価を受けるのがこの『ビジョナリーカンパニー2』※63（原題『Good to Great』）。アマゾンのジェフ・ベゾスが経営陣に読ませた本としても有名です。

著者のジム・コリンズは、スタンフォード大学の経営大学院教授を経て、コンサルタントとして活躍中の人物。この本は、その著者が、知人であるマッキンゼーのビル・ミーハンに前著を批判され、執筆を決めたという一冊です。

『ビジョナリーカンパニー』は素晴らしい本だ。調査も素晴らしいし、文章も素晴らしい。でも、役に立たないんだ

ビル・ミーハンが言うには、『ビジョナリーカンパニー』に登場した企業は最初から偉大だった。では、そうでない企業が偉大になるためにはどうすればいいのか……。まさにこの点に答えているのが、この『ビジョナリーカンパニー2』なのです。

もし、読者が前著『ビジョナリーカンパニー』を読んでからこの本を読んだ場合、登場する「偉大な」企業があまりに地味なのに驚くかもしれません。

厳正な定量、定性分析を経てフォーチュン500企業から選ばれた11社は、GEでも、P&Gでもありません。

アボット、サーキット・シティ、ニューコア、ファニーメイ、ジレット、キンバリー・クラーク、クローガー、ウェルズ・ファーゴ……。

顔ぶれだけを見ればいかにも地味ですが、株価を基準にしたこれらの企業の10数年にわたる業績は、GEやインテル、P&Gをも凌いでいたのです。

この本では、これらの偉大な企業11社に共通し、他の「飛躍したが持続しなかった」企業になかったさまざまな点を指摘しています。

リーダーシップ、組織づくり、戦略、技術導入……。なかでも「第5水準の経営者」は、従来のリーダー像を覆すもので、目からうろこが落ちます。

これによると、真に偉大なリーダーとは、アイアコッカでもウェルチでもありません。マスコミに取り上げられ、華々しい印象のある経営者は、いわば「刈り取る人」であり、第5水準の経営者とは、いわば「種をまく人」のことなのです。

種をまくリーダーは後継者を育て、自分が引退したあとも偉大な企業が持続するために見えない努力をします。

結果として、彼らは株主に長期にわたって恩恵をもたらしているのです。

事実、世界一の投資家として名高いウォーレン・バフェットは、11社のうちの何社かに投資して財を成しました。

また、組織づくりに関しても、従来にはなかった考え方が示されています。その考え方とは、

「だれをバスに乗せるか」です。

最初にビジョンや戦略を策定し、それにふさわしい人々を集めるのではなく、「最初に人を選び、その後に目標を選ぶ」と言うのです。

著者はこの考え方をこう説明しています。

飛躍を導いた指導者は、三つの単純な真実を理解している。第一に、「何をすべきか」ではなく「だれを選ぶか」からはじめれば、環境の変化に適応しやすくなる。人びとがバスに乗ったのは目的地が気に入ったからであれば、十キロほど走ったところで行く先を変えなければならなくなったとき、どうなるだろうか。当然、問題が起こる。だが、人びとがバスに乗ったのは同乗者が気に入ったからであれば、行く先を変えるのははるかに簡単だ。「このバスに乗ったのは、素晴らしい人たちが乗っているからだ。行く先を変える方がうまくいくんだったら、そうしよう」。第二に、適切な人たちがバスに乗っているのであれば、動機付けの問題や管理の問題はほぼなくなる。適切な人材なら厳しく管理する必要はないし、やる気を引き出す必要もない。最高の実績を生み出そうとし、偉大なものを築き上げる動きにくわわろうとする意欲を各人がもっている。第三に、不適切な人たちばかりであれば、正しい方向が分かり、正しい方針が分かっても、偉大な企業にはなれない。偉大な人材が揃っていなければ、偉大なビジョンがあっても意味はない

当然のことですが、組織が長く存続するためには、変化への対応が不可欠です。では、その変化に対応するために、何が必要なのか。

この本には、まさにその答えが書かれているのです。

この本を読めば、企業を飛躍させる真のリーダーシップとは何か、企業の競争力を高める人材の質とは何かを深く考えさせられます。

そして、経営とはやはり最後は「人」なのだと確認させられるのです。

次に『ビジョナリー・カンパニーZERO』※64を紹介します。経営論の名著として、世界中で売れている『ビジョナリー・カンパニー』シリーズの著者、ジム・コリンズと、彼の師であるビル・ラジアーとの共著です。

未邦訳だった『Beyond Entrepreneurship』を、『ビジョナリー・カンパニー』シリーズとして編み直した一冊です。

約半分を新たに書き下ろしたということですが、その冒頭部分が、2004年に亡くなった師、ビル・ラジアーとの思い出、そして彼からジム・コリンズが学んだことです。このエピソードがどうにも泣けるのです。

決定的タイミングにすべてを捨てて飛び込まなければ、夢を実現できる可能性は低いどころかゼロになる

相手を信頼するほうがアップサイドは大きく、ダウンサイドは小さい

自らの成功をお金で測ると、必ず敗者になる

コアバリューに忠実に生きる

この第1章「ビルと私の物語」だけでもこの本の値段以上の価値がありますが、さらに3章、4章は、あのネットフリックス共同創業者のリード・ヘイスティングスが、『ビヨンド・アントレプレナーシップ』の最初の86ページを丸暗記せよ」といって、若手起業家に強くおすすめした部分です。

内容的には、『ビジョナリー・カンパニー』シリーズ全編の軸を貫く「リーダーシップ」について述べたものといっていいでしょう。

「リーダーシップ・スタイルの7つの要素」と、それぞれの丁寧な解説があります。偉大な企業の事例は、ここぞというときの決断にきっと役立つことでしょう。

リーダーシップ・スタイルの7つの要素

1. 誠実さ
2. 決断力
3. 集中力
4. 人間味

5．対人スキル
6．コミュニケーション能力
7．常に前進する姿勢

良い組織にするには、良い人間関係や強い絆を構築する必要があると思いますが、それに関して、ビル・ラジアーはこう答えています。

「すばらしい人間関係を見分ける方法はあるのですか」と私は尋ねた。ビルはしばし考えて、こう答えた。「2人に『この関係でどちらのほうが得をしているのか』と聞いて、両方が『自分』と答えるかどうかだ」

私たちが最大限の力を出し切ろうとするのは、仲間を成功させるには自分が成功しなければならない、仲間をがっかりさせたくないと思うときだ

素晴らしい組織をつくろうと思ったら、ぜひ紐解くことをおすすめします。

Arrival

Arrival

お金持ちになるには＆お金持ちになったら

攻撃だけで防御を知らない者の栄華は長く続かない。
お金を扱った、とっておきの本を紹介しよう

お金持ちになるには

『金持ち父さんのキャッシュフロー・クワドラント』
（ロバート・キヨサキ　白根美保子・訳／筑摩書房）

良いビジネス書を選ぶコツは、「真実を語る著者」を選ぶこと。そういう意味で、ロバート・キヨサキはうってつけの人物です。

彼の代表作は、世界的ベストセラーとなった『金持ち父さん貧乏父さん』ですが、本当に読むべきは、続編にあたる**『金持ち父さんのキャッシュフロー・クワドラント』**※65のほうです。

この本のなかで著者は、4つの区分（クワドラント）を紹介しています。

従業員（E）・自営業者（S）・ビジネスオーナー（B）・投資家（I）の4つの区

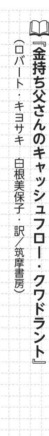

分のなかで、お金持ち（＝資本家）になれるのが、ビジネスオーナー（B）と投資家（I）だけという、厳しい現実を突きつけています。

これはつまり、リスクを取らないとお金持ちにはなれない、ということです。投資するリスク、人を雇うリスクなど、リスクと引き換えに資本家は多額の報酬を得るからです。

確実なリターン、元本保証。

これらは一見賢そうですが、じつは貧しさにつながる道です。もちろん不要なリスクは減らすべきですが、大事なことは資産を使って稼ぐことです。資産とは、「あなたのポケットにお金を入れてくれるもの」です。

この本でこの概念を学べば、歳を取って働けなくなったときにも、資産が稼いでくれることになるでしょう。ロバート・キヨサキの著書をきっかけに、「経済自由人」という概念が定着しましたが、経済自由人とはつまり、「自分が何もしなくても資産からの収入がある人」のことです。

まずはお金を貯めて、少しでもいいから「資産」を購入することに費やす。それが積もり積もって、十分なリターンが得られるようになったら、あなたはお金持ちになったということです。

そして、本格的にお金持ちになりたい人は、橘 玲《たちばなあきら》さんの『新版 お金持ちになれる黄金の羽根の拾い方 知的人生設計のすすめ』（幻冬舎）を読むといいでしょう。

この橘さんの本では、絶対不変の法則として、（収入ー費用）×運用というお金持ちの方程式が示されているほか、さまざまな投資機会の検証が行われています。

利益は差異から生まれるという基本原理に則り、どうすれば有利にお金を稼げるか、本質的な考え方が説かれています。なぜ株の短期トレードはダメなのか、なぜ法人をつくることはメリットが大きいのか。この本を読めば、なぜお金持ちがみな会社を持っているのか、その理由がわかると思います。

翻訳本ではカバーできない、日本の税制に則ったお金持ちになる方法が書かれており、重宝する一冊です。

節約する

『年収200万円からの貯金生活宣言』
（横山光昭／ディスカヴァー・トゥエンティワン）

デジデリウス・エラスムスは、「節約はかなりの収入なり」という名言を残したそうですが、前述のお金持ちの方程式を見る限り、収入と費用は同じだけのインパクトがあります。要するに、あなたが今月1万円節約したら、それは数字的には1万円の収入アップと同じ、ということです。

サラリーマンの場合、税金は給与天引きですから、もらった手取りの給料から1万円節約することには、月収1万円アップ以上のインパクトがある。節約をバカにしてはいけない理由です。

節約に関していうなら、『年収200万円からの貯金生活宣言』※66が、現状いちばん苦労せずにお金が貯まる、最強の節約術だと思います。

著者は、3800人の貯金ゼロ家計を再生させてきた家計再生コンサルタント。リバウンドしやすい変動費チマチマ系の節約ではなく、固定費をダイナミックに削って、苦労せずに貯金体質に変わる、画期的なやり方を提案しています。

固定費を節約するのは、企業なら王道の節約術ですが、個人でこれをやっている人は少ない。タバコの本数を減らすより、タバコそのものをやめた方がラクですし、もっと家賃の安いところに引っ越した方が、長い目で見てラクに貯められます。タバコが吸いづらい環境に引っ越して、かつ家賃も安ければ最高でしょうね。

この本には、3800人の家計診断でわかった「ムダな固定費ワースト10」が紹介されています。具体的に見ていきましょう。

ムダな固定費ワースト10

1位　ムダな会話やメールのもととなる携帯電話代

2位　意味のない飲み会の交際費

3位　ぜいたくなまでの食費
4位　保障内容も知らない高額な生命保険料
5位　不健康のもととなるタバコ・お酒などの嗜好品
6位　近所をうろつくための車のローン・ガソリン代
7位　意味のない飲み会の帰りのタクシー代
8位　毎日の高カロリーな外食ランチ
9位　自分の口座なのに下ろすたびに引かれるＡＴＭ手数料
10位　惰性で買う雑誌やマンガ

このリストが、出てくるのがすごい。なぜかというと、これらのほとんどはテレビの大手スポンサーだからです。携帯電話、お酒、タバコ、保険、車、銀行、外食、マンガ……。あなたもこれらの広告を見たことがあると思います。

つまり、やめられたら困るものは、普通、メディアでは取り扱われません。インターネットもほぼ１００％広告ですから、結局は同じことです。これを知っておくだけでも、人生は随分と有利になります。

要するに、「儲かっている会社に儲けさせなければ、お金は貯まる」。シンプルなことです。

もちろん、ビジネスをする上では、人気のサービスやメディアは使っておく必要がありますから、そう単純な話ではないのですが、貧しいときにもこれらとお付き合いしているとしたら、ちょっと問題かもしれません。

この本のなかで著者は、こんなアドバイスもしています。参考にしてみてください。

・生命保険に求めるものは「保障」部分のみでいい
・たとえば独身の方の場合。比較的たくさん使ってしまう通信費（携帯電話代）は、多くても月収の5％まで。そして住居費（家賃）も、27％程度にしたい
・家の中にある不要なものを売ってくる。売れなければ捨てる

賢くお金を使う

『お金の大学』（両@リベ大学長／朝日新聞出版）

亡き父はがらくた屋に行くのが好きでした。がらくた屋とは、要するに中古家具屋のこと。多くは潰れた会社やお店の不用品を二足三文で仕入れたもので、そのなかに、従業員の着替え用のロッカーがありました。ロッカーを開けると、チャリンと音がしました。100円玉が3枚落ちていたのです。それを見た父のセリフを、僕は生涯忘れたことがありません。

「こんなことにも気づかないから、会社が潰れるんだ」

家具は、中古になると急に価格が落ちる商品です。であれば、お店やオフィスを開く際には、中古を検討するといい。どうしても何かを新品で買うなら、リセール価格を調べるといい。このリセールの重要性を訴えたのが、ベストセラーになった『**お金の大学**』[※67]です。

『お金の大学』では、「車は買うな！　買うなら中古！」と、お金持ちの教えを伝えています。この本では、車を所有すると、生涯で約4000万円かかると述べており、その内訳は以下のようになっています。

車体代金等：1750万円（7年に1回程度買い替え）
ガソリン代：520万円
保険代（自動車保険、車両保険）：490万円
駐車代金：720万円
自動車税、自動車重量税（車検時）：470万円
その他消耗品費

それでも車が必要な人へ、この本では、リセールの良い車を一括で買うことをおすすめしています。

車であれば、ポルシェやアバルトはリセール価格が高いことで知られています。不動産も、銀座のビルや東京都23区の一部のブランドマンションは値下がりしないことで有名です。使うだけ使って、価格は下がらない。お金持ちはそんな物を好んで買う。だからお金が減らないのです。

「株で一儲け」みたいなことを考える前に、普段の買い物にムダがないか、この本を読んで見直すといいでしょう。

コラム3

一生続く豊かさを手に入れるために

「成功＝お金」というわけではありませんが、資本主義システムのなかに組み込まれている以上、資産家になるのが一つのゴールといっていいでしょう。

資産というのは、あなたが何もしなくてもあなたのポケットにお金を入れてくれるものですから、株でも賃貸不動産でも駐車場でも、自動販売機でもいい。もしあなたがとびっきりの孝行息子を持っていて、一生面倒を見てくれるというのなら、それも広い意味での資産でしょう。

「わらしべ長者」では、貧しかった主人公の男は、最後にお屋敷と嫁を得て幸せになりますが、おそらくあの屋敷の元の持ち主には、何らかの事業があったはずです。ひょっとしたら裏に広大な面積の畑があって、そこから収穫があったのかもしれません。

いずれにせよ、その事業の勘所がわからなければ、おそらく豪邸はその後、売る羽目になったでしょう。

「お金持ちになったら終わり」というのは、お金持ちを夢見る人の発想です。現実には、手に入れたお金を運用するファイナンシャルリテラシーと規律がなければ、お金持ちであり続けることは難しいのです。

このパートの名前は「Arrival」としましたが、旅がそうであるように、人生もArrivalからが「お楽しみ」です。

限られた予算で、どう賢く旅を楽しむか。もう少し人生の達人たちの知恵を紹介していきましょう。

世界一の投資家、ウォーレン・バフェットの生い立ちと投資哲学

『ビジネスは人なり投資は価値なり』
（ロジャー・ローウェンスタイン　ビジネスバンク・訳／総合法令出版）

世界で最も尊敬される投資家、ウォーレン・バフェットの生い立ちと投資哲学を紹介した一冊が『**ビジネスは人なり投資は価値なり**』※68です。

この本の表紙には、バフェットの驚異的なリターンを、こう記しています。

もしあなたが1956年にバフェットに1万ドル（150万円）投資していたら、今日それは8000万ドル（120億円）になっているだろう。

この本が出された後もバフェットの資産は増え続けたので、おそらくそれ以上になっていると思います。

ウォーレン・バフェットは、幼い頃から変わった子だったようで、この本にはこんなエピソードが紹介されています。


ウォーレンは当時の父親のビジネス・パートナーだったカール・フォークの家に昼食をごちそうになりにいくことが多かった。ある日奥さんが作ったチキンヌードル・スープを食べているとき、「僕は三〇歳までに億万長者になるんだ」「もしできなかったら、オマハでいちばん高いビルから飛び降りるよ」といった。フォーク夫人は驚いて、二度といわないようにたしなめた。彼女は、ほかの者がまだしたことのない質問をウォーレンにした。

「ウォーレン、なぜそんなにお金が欲しいの？」

ウォーレンの答えはこうだった。

「お金が欲しいんじゃないんです。お金を稼いだり、それが増えていくのを見るのが好きなんです」

その言葉通り、ウォーレン・バフェットは、お金持ちになってもお金を使うことを好まず、いくつかの武勇伝を残しました。

・1958年に3万1500ドル（約472万円）で購入したネブラスカ州オマハの自宅に今でも住んでいる。

・奥さんが1万5000ドルかけて家具を買いそろえたときには、「もし、投資に回していれば、このおカネが20年後にはいくらになっているか想像できるかい？」と言った

・子どもにお金を貸すときは、正式な金銭貸借契約書を書かせた

この本には、バフェットを支えた父の哲学と、その後出会う師匠ベンジャミン・グレアムの教え、そしてバフェットがどのようにして自身の投資哲学を確立していったか、そのプロセスが書かれています。バフェットの父の哲学は、こうでした。

「偉大な人物は、群衆のなかにあり孤高の精神を持ちつづけることができる人物である」

（エマーソンのマキシムより）

コロンビア大学で師と仰いだベンジャミン・グレアムもストイックな人物でした。グレアムの方法論は、「割安株を探せ」というもので、今では「バリュー投資」として知られています。バフェットは師を尊敬しながらも、そのやり方に反発し、自身の投資法を確立していきます。

店舗網や顧客の選好、サービスなど、バフェットは企業の「隠された価値」を積極的に評価して、投資していきます。それもいわゆる「分散投資」なしで。

「卵をいくつかのカゴに分けて保管しなくとも、注意さえしていればすべてを壊してしまうことはない」というのがバフェットの主張でした。

倹約をモットーとし、常識とは違う考えで、見えない価値に投資する。優れた投資家の資質が、ここから見えてきます。

「投資で一発当てたい」人からすれば、あまりにイメージからかけ離れたストイックな姿勢ですが、大金持ちになる人というのは、こういうものなのだと思います。

100億円稼いだ「明治の大富豪」の人生設計

『人生と財産』（本多静六／日本経営合理化協会出版局）

40歳にして100億円余りの資産を築き上げた明治の大富豪、本多静六の資産形成のヒントを著したのが『**人生と財産**』[※69]です。

著者は今の明治神宮や日比谷公園をつくり、国立公園の生みの親と言われた人物で、渋沢栄一をはじめとする実業家たちとも交流があったようですが、もともとは貧しい学者で、山林の研究に励んでいました。

この本は、その著者が、いかにして莫大な財産を築くに至ったかというエピソードと、著者の人生哲学、金銭哲学を織り込んだものです。

この本は昭和25年に実業之日本社から刊行された『私の財産告白』と、『人生設計の秘訣』（昭和53年）、『私の生活流儀』（昭和26年）を一冊にまとめ、再編集したものです。

この本から学べるポイントは大きく分けて3つあります。

1つ目は、財産を築くための心構え
2つ目は、学問や仕事に対する姿勢
3つ目は、人生設計の考え方です

最初に、著者がどうやって100億円もの財産を築いたのか、という話ですが、結論からいえば、株式への投資と山林への投資でした。ただ、これは単に「一発当てた」のではなく、そこに至るまでには並々ならぬ努力と不屈の精神があったようです。

まず著者は、家族とともに貧しい生活を送りながら、給料の4分の1を積み立てるというやり方で、元手をつくります。

当時の給料は決して多いものではなく、家族はホルモン漬けと呼ばれる質素なおかずと芋粥《いもがゆ》で毎日を過ごしていたそうです。

そして、著者がドイツに留学したときの恩師、ブレンタノ博士の教えにしたがって、投資を進めたのです。

著者は株式投資も手掛けましたが、成功を決定づけたのは、巨額の山林投資でした。著者いわく、「当時秩父の山奥（中津川）は国内においても稀にみる天然美林であったが、鉄道からは遠く、道路もほとんど皆無で、その開発に手がなく、税金ばかりかかって只《ただ》でも貰い手がないというほどの有様」でした。

結局、著者はこの山林をなんと約3000万坪も買い占めたのですが、その理由は、山林を専門とする著者らしいものでした。

「私は天下のこの大財宝がこのまま朽ち果てるわけはない。また朽ち果てしむべきではないと考え（中略）云い値で買い込むことにした」

結局、著者は日露戦争後の好景気や木材の値上がりを受けて、この1町歩4円の山林を70倍の280円で売ることになるのですが、この投資を振り返って、こう述べています。

「山林に対する興味と研究は、私の立場上当然緊密を加え、またこれに私財を投じて利害の一致をはかることは、学問と実際とを結びつけるためにも大いに役立ったわけである」

自分が信じるものに投資する。これが投資の王道ですね。

この本には、著者独自の人生設計ノウハウも紹介されています。

著者は長生きしたため、後年、人生設計に変更を加えていますが、最初に計画したものは、以下の通りでした。

第一　満四十才までの十五年間は、馬鹿と笑われようが、ケチと罵《ののし》られようが、一途《いちず》に奮闘努力、勤倹貯蓄、もって一身一家の独立安定の基礎を築くこと

第二　満四十才より満六十才までの二十年間は、専門（大学教授）の職務を通じてもっぱら学問のため、国家社会のために働きぬくこと

第三　満六十才以上の十年間は、国恩、世恩に報いるため、一切の名利《みょうり》を超越し、勤行布施のお礼奉公に努めること

第四　幸い七十才以上に生き延びることができたら、居を山紫水明の温泉郷に卜《ぼく》し、晴耕雨読の晩年を楽しむこと

第五　広く万巻の書を読み、遠く万里の道を往くこと

ざっくりしながらも、何をやればいいのかは明確です。人生設計は、これぐらいの抽象度がちょうどよさそうです。ぜひ参考になさってください。

世界一の投資家が推薦する投資本

『投資で一番大切な20の教え』
(ハワード・マークス　貫井佳子・訳／日本経済新聞出版)

デイトレーダーは、ある株式を一〇ドルで買って一一ドルで売り、翌週に二四ドルで買い戻して二五ドルで売り、さらに一週間後に三九ドルで買って四〇ドルで売る、といった取引をしたときに、成功したと思うらしい。三〇ドル値上がりした株を売買したのに三ドルの利益しか得ていない、ということに気づかない人は、これ以上、本書を読むべきではないだろう

そんな辛辣《しんらつ》なコメントで、デイトレーダーを一刀両断しているのが、これから紹介

する『**投資で一番大切な20の教え**』※70の著者、ハワード・マークス。

「リーマン・ショックで最も稼いだ運用会社」であり、世界最大級の投資運用会社、オークツリー・キャピタル・マネジメントの共同創業者兼会長です。

あの世界一の投資家、ウォーレン・バフェットをして「君が本を書くなら、必ず推薦文を寄せる」と言わしめた賢人による、珠玉の投資本です。

「バリュー投資」と「グロース投資」を中心に、勝つための投資術を指南し、「平均的な投資家を上回る成績をあげる（アウトパフォームする）には、コンセンサスの裏をかく必要がある」として、そのための具体的方法を説いています。

著者が提唱する考え方のなかで興味深かったのは、「二次的思考」という思考スタイルです。

これは、情報面と分析面のどちらか、あるいは両方から決断の差異化をはかる方法で、具体的には、以下を読むとイメージしやすいでしょう。

「これは良い企業だから、株を買おう」というのが一次的思考。一方、「これは良い企業だ。ただ、周りは偉大な企業と見ているが、実際にはそうではない。

この株は過大評価されていて割高だから売ろう」というのが二次的思考である

人と違う行動をすることは、投資で勝つための必要条件ですが、それだけではダメだと指摘しているのが、この本の深いところ。

どんな資産も、高すぎる価格で買ってしまえば悪い投資になる

投売りする人から買い、どんな価格でもよい買い手に売るというやり方で投資家としてのキャリアを築くことはできない

市場が活況を呈している時期には、最も高いリターンは最も高いリスクをとった者によって達成されることが多い

正論を吐く投資家が陥りがちな罠を指摘し、状況に応じて判断が異なることを詳述している点は、単なる金言集、理論書にない、実践家の本ならではの特長と言えるで

しょう。

著者が、「カネ儲けをする上で最も信頼性の高い方法」と説くのは、「資産を本質的価値を下回る価格で買う」こと。

では、どうやったらそれができるのか。「掘り出し物を見つける」のなかで、その詳細が語られています。

掘り出し物となる可能性を秘めた資産には、もともと客観的に見て何らかの欠点がある。たとえば、そのアセットクラス自体があまり魅力的ではない、その企業が業界内で弱い位置にいる、負債依存度が高すぎる、保有者にとって仕組み上、十分に保護されていない証券である、といった点だ

掘り出し物が生じる背景にはいつも非合理性、または理解不足がある

「20の教え」をマスターして、ぜひ一生分の資産を築き上げてください。

一流投資家たちへの珠玉のインタビュー集

『一流投資家が人生で一番大切にしていること』

（ウィリアム・グリーン　依田光江・訳／早川書房）


金融ジャーナリストの著者が、30年にわたり世界中の一流投資家にインタビューした成果をまとめたのが、『一流投資家が人生で一番大切にしていること』※71です。

チャーリー・マンガー、ハワード・マークス、ジョエル・グリーンブラット、サー・ジョン・テンプルトン、モニッシュ・パブライなどへのインタビューから、投資で勝つために必要な哲学や、お金持ちになった後、幸せに生きるための秘訣を導き出しています。

どの投資家も、世界一の投資家、ウォーレン・バフェットやその師匠ベンジャミン・

グレアムの投資法がベースにあるのですが、少しずつ戦略や哲学が違っていて面白い。

著者の丹念な取材により、それぞれの人物の半生や成功した投資のエピソードが書かれており、原理原則や哲学だけではわからない、深い思想や判断を学ぶことができます。

原題は、『RICHER, WISER, HAPPIER:How the World's Greatest Investors Win in Markets and Life』で、タイトル通り、投資と人生で勝利する方法を書いた内容。

インドの質素な家庭で育ち、バフェットを模倣して大成功したモニッシュ・パブライが言う「内なる採点表」の話、テンプルトン卿の孤独をいとわない投資姿勢、ハワード・マークスの投資ルール、グリーンブラットの売買ルール、一見遠い教養から投資チャンスを見つけるローラ・ゲリッツの流儀など、どれも読み応えある内容で、400ページがまったく苦になりません。

エピローグ「富の向こう」の結びに書かれたバン・デン・バーグのエピソードは感動的で、タイトル通り、人生で一番大切なものが何かを教えてくれます。

昔、インタビューでウォーレン・バフェットが、成功と幸福について、興味深いことを言っていました。

「成功とは望むものを手に入れることで、幸福とはそれを楽しむことだ」

ここに登場する一流投資家たちは、ストイックな投資哲学に従うことで富を手に入れましたが、同時に、その富を意味あることに使うことも忘れていません。

この本で紹介されている思想のなかから、興味深いものをピックアップしてみましょう。

・有利でないギャンブルははじめからやらない
・あれこれと動いてもいいことはない。投資とはたいてい、損をするより儲ける確率がはるかに高くなるレアな瞬間まで待てるかどうかが物を言うのだ
・大成功する人はほぼすべてに対してしない決断ができる
・バフェットの「主要な掟」のひとつ、事業内容が「自分が理解できる範囲」

に収まる企業に絞って投資すること

・みんな内なる採点表をもっていたからこそ、頂点を極めることができたんだ（パブライ）

・ほかの人にはわからない真実と出会ったら、けっして手放してはいけない（パブライ）

一生お金に困らない富のマインドセットとは？

『サイコロジー・オブ・マネー』
（モーガン・ハウセル　児島修・訳／ダイヤモンド社）

『サイコロジー・オブ・マネー』※72は、世界的ベストセラーとなった、お金のマインドセット本です。

著者のモーガン・ハウセルは、ベンチャーキャピタル「コラボレーティブ・ファンド」でパートナーを務める現役の金融プロフェッショナルでありながら、気鋭のコラムニストとしても活躍している、稀有《けう》な人物です。

歴史に名を残した大富豪や投資家の例を引きながら、何が人を金持ちにするのか、なぜいったんは成功した人物が破綻してしまうのか、その本質を明らかにし、そこからお金の教訓を導き出しています。
この本の「はじめに」には、地味な清掃員ながら800万ドル（12億円）もの資産を築き上げた、ロナルド・ジェームズ・リードの話が出てきます。

リードはガソリンスタンドで接客と自動車整備の仕事を25年間務め、その後は百貨店のJCペニーで清掃員として17年間パートタイムで働いた。38歳のときに2LDKの家を1万2000ドルで購入し、生涯そこに住み続けた。50歳で妻を亡くしたが、再婚はしなかった。友人たちは、彼の一番の趣味は薪を割ることだったと回想している。2014年に92歳で亡くなったとき、この田舎の地味な清掃員の死は、国際的なニュースになった。同じ年に他界したアメリカ人は281万3503人。そのうち死亡時に800万ドル以上の純資産を持っていたのは4000人にも満たない。リードは、そのうちの1人だった

リードは、この資産のなかから義理の子どもたちに200万ドルを遺産として与

え、地元の病院と図書館に600万ドル以上寄付すると遺書に書いたそうです。

この本の主要なメッセージは、「エゴを減らせば、豊かになれる」ということ。著者が示した「収入－エゴ＝貯蓄」という方程式は、他者を意識してつい見栄のためにお金を使ってしまう人に、お金と人生の真実を教えています。

著者はほかにも、こんなアドバイスをしています。

- 「夜、安心して眠れること」を優先してお金の管理をすべし
- 「十分」の感覚がなければ幸せは遠のく。古くから言われているように、幸福とは、「結果から期待値を差し引いたもの」なのだから
- 真の成功とは、ラットレースから抜け出して、心の平穏のために生きること（作家のナシーム・タレブの言葉を引用しながら）

収入が少なくても確実に豊かになれる考え方です。ぜひ読んでみてください。

お金持ちになるための行動科学

📖『富の法則』（ダニエル・クロスビー　モーガン・ハウセル・序文　児島修・訳／徳間書店）

📖『JUST KEEP BUYING』（ニック・マジューリ　児島修・訳／ダイヤモンド社）

📖『DIE WITH ZERO ゼロで死ね。』（ビル・パーキンス　児島修・訳／ダイヤモンド社）

『富の法則』※73は、株式投資で勝つための、行動科学のメソッドを紹介した一冊。

著者は、行動ファイナンスの専門家であり、「注目すべき12人の思想家」（Monster.com）、「読むべき金融ブロガー」（AARPに）に選出された、ダニエル・クロスビーです。

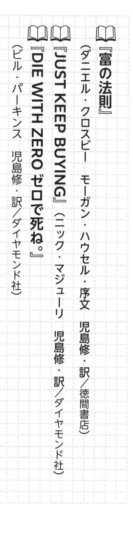

序文を世界的ベストセラー『サイコロジー・オブ・マネー』のモーガン・ハウセルが書いています。

行動科学の知識が豊富なのはもちろんですが、予想以上に株式投資の実践的知識に触れていて、投資の良いヒントになる本です。

ファイナンシャル・アドバイザーを付けることでリターンが高まることや、従来型の投資ポートフォリオよりもゴールベースの投資戦略を採用した方が長期投資に向く可能性、理論上、投資口座をチェックする頻度を12年に一度にすると、損失をまったく目にしなくなるなど、興味深い情報がいくつも紹介されています。

自身も資産運用をしている実践家のため、話が実践的で、あらゆるポイントについて、注意点やチェックリストがついています。

いくつか、見ていきましょう。

「資産バブル」かどうかを検証する

1．バリュエーションが非常に高い
2．レバレッジが過剰である

3．貸出基準が緩い
4．ほぼ全世界で上げ相場である
5．ボラティリティが低い
6．リスク資産への参加率が高い

売り対象：帳簿改ざんをしていないかチェックする
（各条件を満たすごとに対象銘柄に1ポイント。合計ポイントが大きいほど帳簿を改ざんしている可能性が高くなる）

1．純利益と営業キャッシュフローの差の拡大
2．売掛金回転日数の増加
3．在庫日数の増加
4．収益に対する他の流動資産の増加
5．有形固定資産に対する総減価償却費の減少
6．利益を歪めるような連続的な買収

自分が今、しようとしている投資が正しいかどうか、見極めるためのあらゆる視点・チェックポイントが示されており、これは使える一冊だと思います。

また、著者の関心がよほど高いのでしょう、これまでに議論されてきたさまざまな投資法・理論の紹介と検証が行われており、これ一冊あれば、メジャーな投資本、投資理論のおさらいがほぼできてしまいます。

いくつか、個人投資家が知っておくべきポイントをご紹介しましょう。

グレッグ・デイヴィスによれば、毎日証券口座をチェックしていると、41％強の確率で損失を目にすることになる（中略）確率上、証券口座を確認するのを5年に一度にすると損失を目にする確率は12％程度になり、12年に一度にするとまったく損失を目にしないことになる

個人投資家にとって賢明なアプローチであると考えられているインデックス投資は、その根底に行動上のがんを抱えている。S＆P500のような時価

総額加重平均型インデックスを買うと、2000年にはそのうち50%近くをハイテク株で、2008年には40%近くを金融株で保有することになる

取引が容易かつ安価になり、金融ニュースが豊富になるにつれて、保有期間は大幅に短くなった。大した問題ではないと思うかもしれないが、保有期間とリターンに直接的な関係があり、忍耐強く保有し続ける人ほど大きなリターンが得られることは歴史が証明している

原注、参考文献も入れると350ページを超えるボリュームですが、面白くてあっという間に読んでしまいます。株式投資に関するこれまでの議論・研究が一気に読める、興味深い一冊です。

次に、お金本の超ロングセラー『金持ち父さん貧乏父さん』『お金持ちになれる黄金の羽根の拾い方』以来の衝撃の書が『JUST KEEP BUYING』※74です。

著者は、全米屈指のデータサイエンティストで、パーソナルファイナンスの人気ブログ「OfDollarsAndData.com」の執筆者、ニック・マジューリ氏。

「収入の2割を貯金しよう」

「支出を減らせばお金持ちになれる」

「賃貸vs持ち家」

など、パーソナルファイナンスの常識にことごとく疑問を呈し、データによって新たな事実を突きつけています。

所得に対して一律に「何パーセント貯蓄しよう」とアドバイスするのがなぜ間違いなのか、節約よりも収入を増やすことが大事な理由、収入がアップした場合、どの程度まで生活レベルを上げていいのかなど、気になるトピックに明確な答えを出しており、賢い人生設計を考える読者には、ぜひ読んでいただきたい。

ファイナンシャルプランナーの方は、この本の主張を知らずに従来の「常識」を振りかざしていると、職を失うことになるかもしれません。

もちろん、データのほとんどはアメリカを前提にしているため、ある程度割り引いて考える必要がありますが、本気でFIRE（経済自由の達成と早期引退）したい方は、考え方として勉強になると思います。

タイトルの『JUST KEEP BUYING』は、要するにコツコツ買っていくドルコスト平均法のことですが、なぜこれが投資の正解なのか、なぜ個別株を買ってはいけないのか、詳しい説明が書かれています。

投資法としては目新しいものはないですが、これまでの常識を覆すパーソナルファイナンスの新常識が書かれた本ということで、一読の価値があります。

いくつか主張のポイントを見ていきましょう。

まずは、所得に対して一律に「何パーセント貯蓄しよう」とアドバイスするのがなぜ間違いかについて説明した部分です。要するに、所得が低い場合は、まず所得を増やすことが大事ということですね。

個人の貯蓄率を一番大きく左右するのは所得水準である。このことは、様々な研究で実証されている。たとえば、連邦準備制度理事会（FRB）と全米経済研究所（NBER）の研究によれば、下位20％の所得者は毎年収入の1％を貯金し、上位20％の所得者は24％を貯金している。さらに、上位5％の所

得者は37％を、上位1％の所得者は51％を貯金している

所得が増えると、多少は使いたくなるのが人間の性《さが》ですが、すべて使ってしまってはお金は貯まらない。いくらなら使っていいのか、どう使えばいいのかに答えたのが以下の部分です。

贅沢な買い物をするときは、必ずそれと同額の投資をする

収入が増えたとき、どれくらいまでなら使ってもいいのか？　それは貯蓄率によって変わってくるが、ざっくりいえば、ほとんどの人に当てはまる答えは「約50％」になる

そして、昔からある「賃貸派」VS「持ち家派」の議論に新たな視点を加えたのが、こちら。住宅費が上がる状況下では、特に深刻ですね。

短期的には賃貸派より持ち家派のほうが住宅費に関するリスクが高くなる。（中略）だが、長期的に見ると、この立場は逆転する。（中略）賃貸派は今後1、2年間の住宅費は固定できるだろう。だが、10年後の住宅費がどうなっているかはわからない

400ページを超える大著ですが、あまりに面白くて一気に読めると思います。

最後に、みなさんが偉人たちの教えを忠実に守り、見事金銭的に成功した場合、今度はそのお金を「どう使うか」が問題になります。このことは、「お金持ちになる前」にぜひ考えておいてほしいことの一つです。

お金持ちになるのは素晴らしいことですが、それを使わずに死ぬのは、決して良いことではありません。

あなたがお金を使っていれば景気は良くなったでしょうし、救える命もあったからです。未来を創る若者に投資することだってできたかもしれません。

人は、すべからく死ぬ時「ゼロ」を目指すのが良い

こう説いたのが、ビル・パーキンスの『DIE WITH ZERO ゼロで死ね。』※75です。

著者は、アメリカ領ヴァージン諸島を拠点とするコンサルティング会社「Brisa Max ホールディングス」のCEOであり、かつてウォールストリートのトレーダーとして成功した人物。

1億2000万ドルの資産を抱えるヘッジファンドのマネージャーでありながら、ハリウッド映画のプロデューサー、ポーカープレーヤーの顔も持つ人物で、これが処女作だそうです。

著者はこの本の前半で、われわれが人生の喜びを先送りしすぎている事実を嘆き、こう警鐘を鳴らしています。

残念なことに、私たちは喜びを先送りしすぎている。手遅れになるまでやりたいことを我慢し、ただただ金を節約する。人生が無限に続くかのような気

持ちで

では、どんな生き方をすればいいのか。

著者は、こう説いています。

人生の充実度を高めるのは、〝そのときどきに相応《ふさわ》しい経験〟なのだ。時間と金という限りある資源を、いつ、何に使うか――。この重要な決断を下すことで、私たちは豊かな人生を送れるのである

ウォールストリート出身の著者だけあって、人生の残り時間に必要なお金の計算方法から、資産はいつどのように切り崩していくのがいいか、寄付・相続はいつがいいかまで、具体的に述べています。

後悔しない豊かな人生を送るために、すべての方におすすめしたい内容です。

この本のなかから、蓄財に一生懸命になりがちな日本人への警句・アドバイスを拾ってみます。

・金を稼ぐことだけに費やした年月は二度と返ってこない
・まだ健康で体力があるうちに、金を使った方がいい
・中年期には、金で時間を買いなさい
・資産を減らすポイントは45〜60歳
・老後にどれくらいの資産を最低限用意すればいいのか。私は、「毎年の生活費×残りの年数」の70％ほどをすすめている

日本人もこの本の例に漏れず、資産を遺して死ぬケースが多いわけですが、それがいかにバカげたことなのか、この本を読むと痛感すると思います。

なかなか仕事から降りられない問題についても、「でも、仕事が好きだから問題」と称して解決策を説いており、じつに痛快な内容です。

みなさんが成功した暁《あかつき》には、ぜひ読んでみてください。

最後に――人生は思っているよりも短い

あとがきに変えて、最後にここまで紹介した75冊のまとめとして、セネカの名著『生の短さについて 他二篇』(セネカ 大西英文・訳／岩波書店)を紹介させてください。

人生を充実させるには、自分の命には限りがあるということを知ること。そして、その限られた時間で何をすべきか、使命感を持つことです。

『生の短さについて 他二篇』は、ストア哲学の巨人、セネカによる論考「道徳論集」のなかの3篇を、推定著作年代順に編集したものです。3篇のなかでも、タイトルとなっている「生の短さについて」は、われわれがどのような態度で人生と向き合えばいいのかを説いた力作です。

ローマ時代の教えが、こんなにも痛烈に響くとは。やはり偉人の言葉には時代を超える力があります。哲人・セネカの言葉に耳を傾けてみましょう。

「われわれは短い時間をもっているのではなく、実はその多くを浪費しているのである。人生は十分に長く、その全体が有効に費やされるならば、最も偉大なことをも完成できるほど豊富に与えられている」

「甲は乙のために耕し、乙は丙のために耕すが、誰ひとり自分自身を耕す者はない」

「君が若年のころから、学問研究のあらゆる修行で勉強してきたことは、巨大な量の穀物が君の良好な管理に委ねられるためではなかったのだ。君は何かもっと偉大で、もっと崇高なものを自分に約束したはずである」

時間を有効に活用すること、そしてその時間を崇高な目的のために使うこと。そうすることによって、人生は輝きを増してきます。

みなさんにとって、本書が良い読書体験になること、そしてこれからのみなさんの人生が良いものになることを期待して、筆を擱《お》きます。

2023年12月

土井英司

索引

制作スタッフ

〔装丁〕 小口翔平＋青山風音（tobufune）
〔本文デザイン・DTP〕 梅津由紀子

〔編集長〕 山口康夫
〔担当編集〕 河西　泰

人生《じんせい》で読《よ》んでおいた方《ほう》がいいビジネス書《しょ》75冊《さつ》

2024年1月1日　初版第1刷発行
2024年3月22日　初版第2刷発行

〔著　者〕 **土井英司《どいえいじ》**
〔発行人〕 山口康夫
〔発　行〕 株式会社エムディエヌコーポレーション
〒101-0051　東京都千代田区神田神保町一丁目105番地
https://books.MdN.co.jp/
〔発　売〕 株式会社インプレス
〒101-0051　東京都千代田区神田神保町一丁目105番地
〔印刷・製本〕 中央精版印刷株式会社

〔カスタマーセンター〕
造本には万全を期しておりますが、万一、落丁・乱丁などがございましたら、送料小社負担にてお取り替えいたします。お手数ですが、カスタマーセンターまでご返送ください。

■落丁・乱丁本などのご返送先
〒101-0051　東京都千代田区神田神保町一丁目105番地
株式会社エムディエヌコーポレーション カスタマーセンター
TEL：03-4334-2915

■書店・販売店のご注文受付
株式会社インプレス　受注センター
TEL：048-449-8040 ／ FAX：048-449-8041

内容に関するお問い合わせ先
株式会社エムディエヌコーポレーション　カスタマーセンターメール窓口
info@MdN.co.jp

本書の内容に関するご質問は、Eメールのみの受付となります。メールの件名は『人生で読んでおいた方がいいビジネス書75冊　質問係』とお書きください。電話やFAX、郵便でのご質問にはお答えできません。ご質問の内容によりましては、しばらくお時間をいただく場合がございます。また、本書の範囲を超えるご質問に関しましてはお答えいたしかねますので、あらかじめご了承ください。

ISBN978-4-295-20639-2　C0030